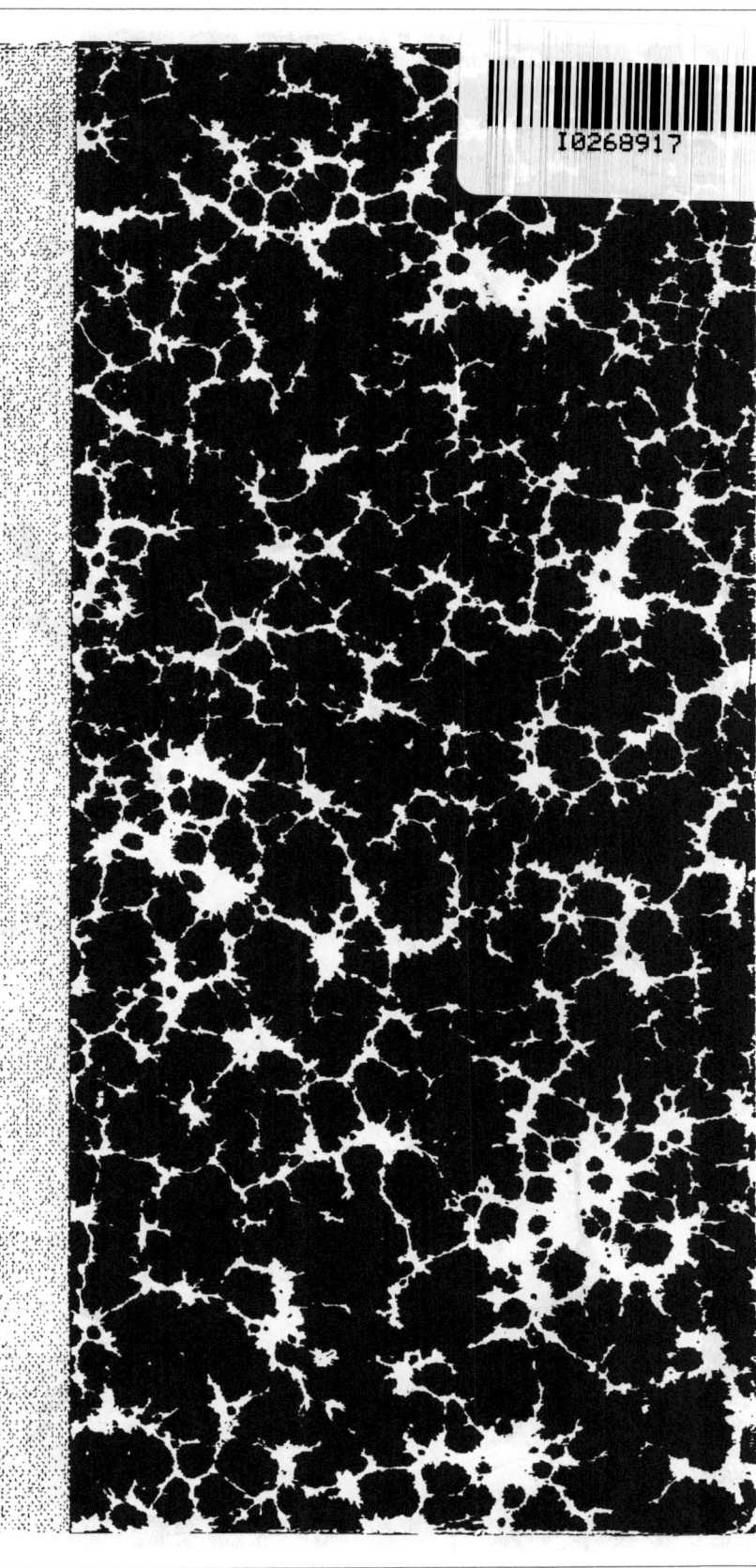

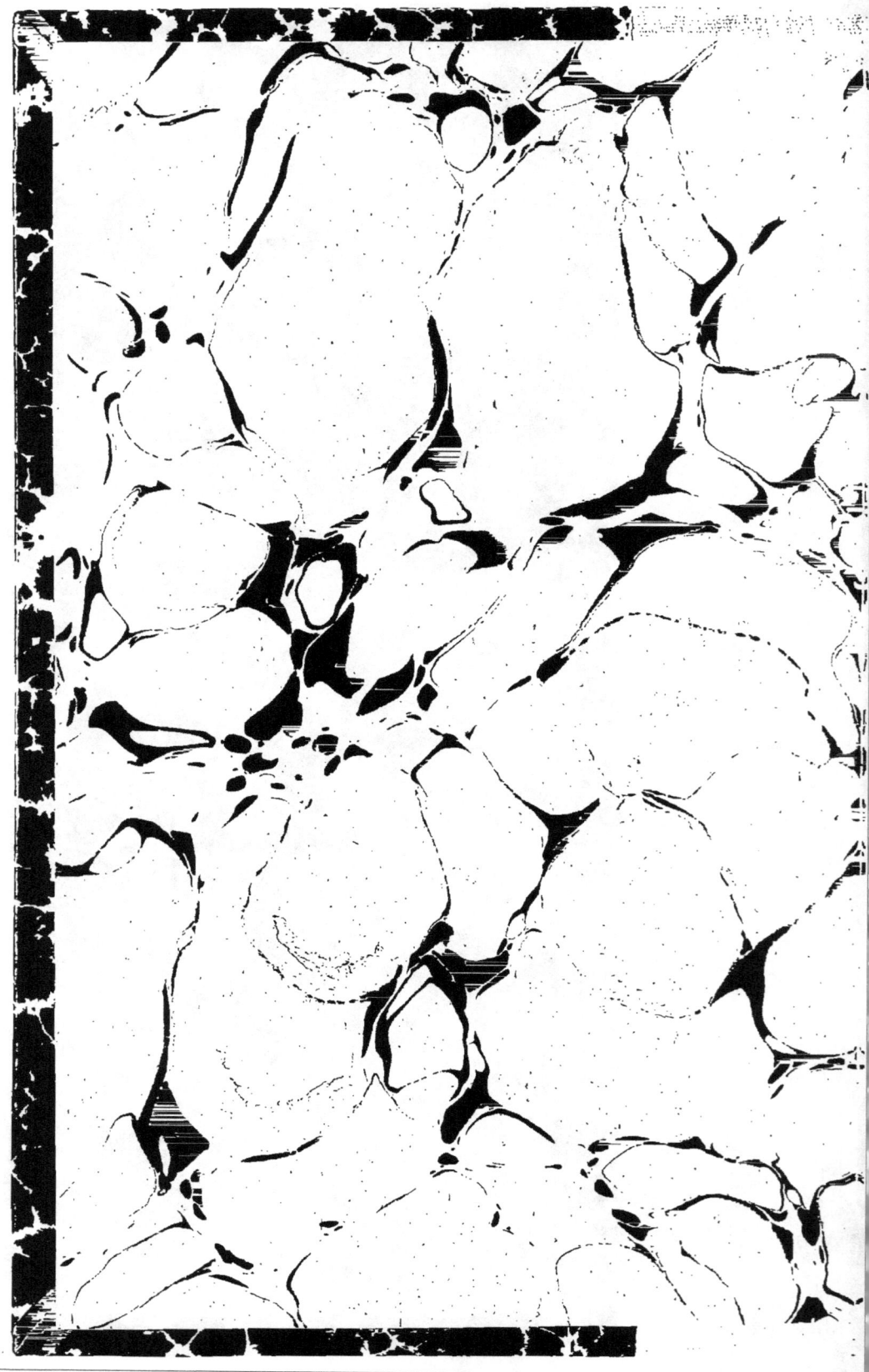

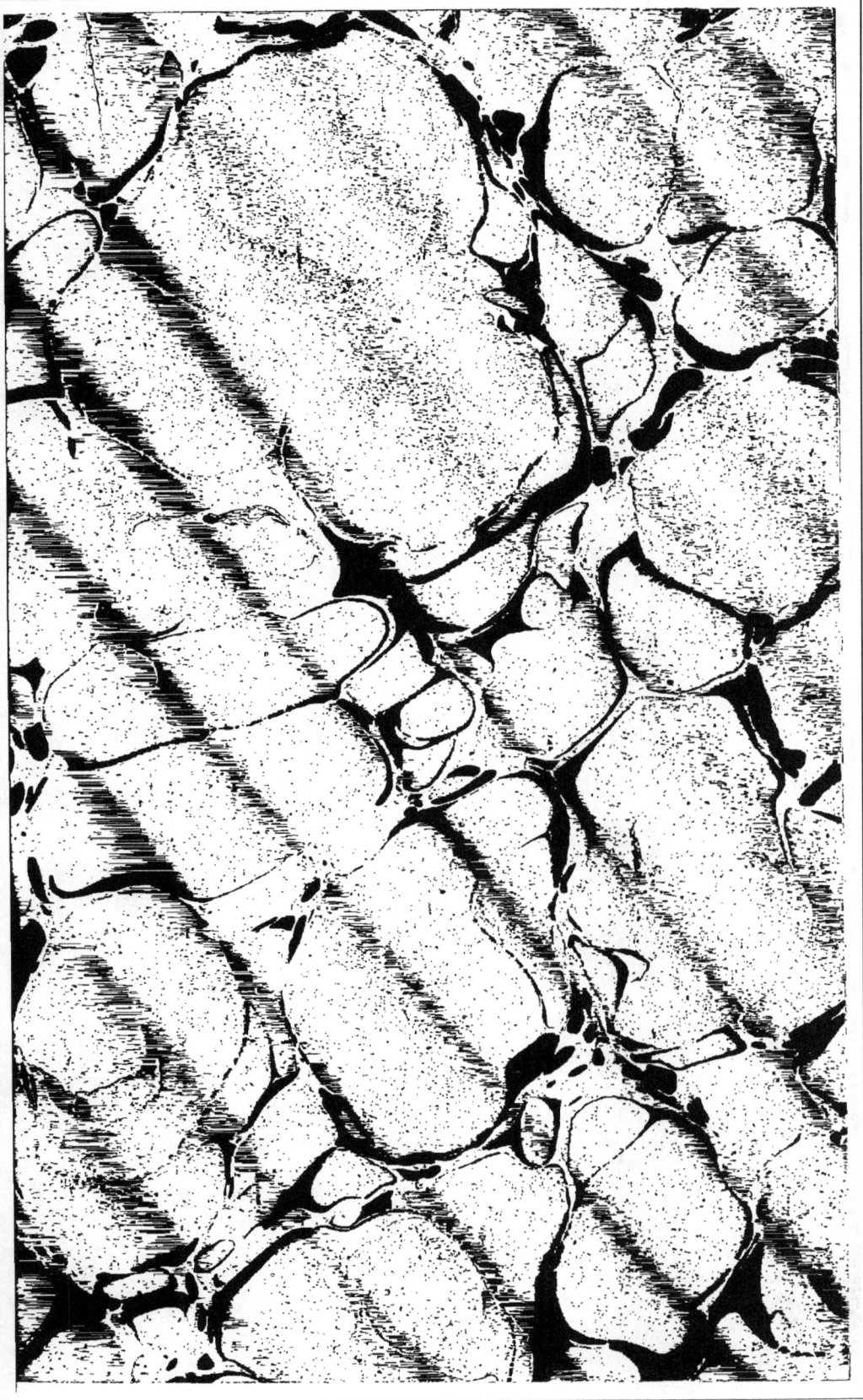

1. BOULANGER

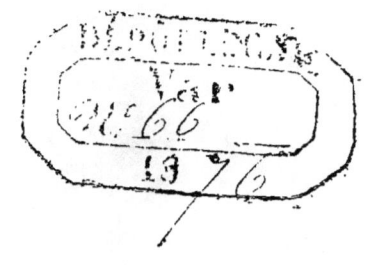

VIE

DE

SAINT LOUIS

ÉVÊQUE DE TOULOUSE

et

PATRON DE LA VILLE DE BRIGNOLES

VIE

de

SAINT LOUIS

ÉVÊQUE DE TOULOUSE

et

PATRON DE LA VILLE DE BRIGNOLES

Par M. l'Abbé HERMITTE

Prêtre du Tiers-Ordre de Saint François d'Assise

Avec l'approbation de Mgr l'Évêque de Fréjus

> Il disait à tous : « Si quelqu'un veut venir
> « après moi, qu'il se renonce lui-même, qu'il
> « porte journellement sa croix et qu'il me
> « suive. »   (Luc, 9, 23.)

BRIGNOLES

Impr. de A. VIAN, rue du Portail-Neuf, n° 3.

1876

ÉPITRE DÉDICATOIRE

A

Monseigneur JORDANY, Évêque de Fréjus et Toulon.

Monseigneur,

Connaissant le vif intérêt que porte Votre Grandeur à tout ce qui peut contribuer au salut des âmes, et rehausser les vertus éclatantes des Saints qui ont illustré notre Diocèse,

J'ose me permettre de vous dédier un travail que m'ont fait entreprendre le désir de la gloire de Dieu et ma dévotion envers saint Louis de Brignoles, mon vénéré Patron, une des plus belles gloires de notre chère Provence.

Je m'estimerai très-heureux, Monseigneur, si Votre Grandeur daigne agréer l'hommage de mon Livre, en accepter la Dédicace et l'enrichir de ses précieuses bénédictions.

Je suis, avec le plus profond respect,

Monseigneur,

De Votre Grandeur,

Le très-humble et obéissant serviteur,

HERMITTE, p. r.

La Verdière, le 3 Janvier 1876.

APPROBATION

de

MONSEIGNEUR JORDANY

ÉVÊQUE DE FRÉJUS ET TOULON.

Fréjus, le 7 Janvier 1876.

MON CHER CURÉ,

J'accepte volontiers la Dédicace de votre VIE DE SAINT LOUIS DE BRIGNOLES, Évêque de Toulouse. Ce saint Évêque est un des grands Patrons du Diocèse et une de ses gloires. Nous devons à son illustre père, Charles d'Anjou, la découverte des Reliques très-précieuses de sainte Marie-Magdeleine et la construction de la magnifique Église de Saint-Maximin.

Votre Livre, mon cher Curé, d'après le compte-rendu du prêtre chargé de l'examiner, paraît propre à inspirer la dévotion envers le glorieux Saint qui en est l'objet. Je le bénis, et je bénis, en même temps, l'Auteur.

Recevez, mon cher Curé, l'assurance de mon affectueux dévouement en N. S.

† J. HENRI, *Év. de Fréjus et Toulon.*

PRÉFACE

En vérité, en vérité, je vous le dis : si le grain de froment ne meurt pas, après qu'on l'a jeté en terre, il demeure seul ; mais, quand il est mort, il porte beaucoup de fruits.

(Joan. 12, 23, 25.)

L'abnégation est la loi fondamentale du christianisme. Disciples de l'auguste victime du Calvaire, la première leçon que nous recevons à son école, le premier exemple que nous recueillons sur ses traces, c'est l'exemple de l'immolation ; les Saints qui forment son cortége, n'ont pas suivi une autre voie pour arriver à la gloire.

L'immolation resserre, dans ses austères étreintes, l'orgueil de la vie qui aveugle, la concupiscence de la chair qui dégrade, la concupiscence des yeux qui asservit. (I. Joan. 2-16.) Les vices qui rongent l'humanité, les passions qui la torturent, elle les entraîne à son char, ou plutôt, elle les foule aux pieds, l'homme est affranchi, les liens sont rompus. Alors, prenant l'essor par-delà ce monde de boue, elle va nous offrir à Dieu crucifiés avec J.-C., le Fils de son amour, et, dans la mort à la nature dépravée, elle nous fait puiser la véritable, l'éternelle vie.

Cette vérité est de tous les temps et de tous les âges. Mais quelle époque a plus besoin d'abnégation qu'un siècle comme le nôtre courbé vers le naturalisme, le matérialisme et le sensualisme, seule religion d'une grande quantité d'hommes aujourd'hui. Dans un siècle prévaricateur, et, qui a le plus grand besoin pour fléchir la colère du Seigneur, de réparation et d'immolation, c'est à mon avis, un véritable à-propos que l'apparition d'une vie comme celle de saint Louis, évêque de Toulouse et patron de la ville de Brignoles (en Provence), de ce jeune prince dont toute l'histoire se résume si bien en ce mot éminemment sublime, parce qu'il est essentiellement chrétien : l'immolation. Son enfance au sein d'une cour brillante fut celle d'un anachorète; sa jeunesse, pendant une longue détention, celle des confesseurs et des martyrs ; ses quelques jours sur le siége de de Toulouse, ceux d'un thaumaturge et d'un apôtre. Comblé des plus rares faveurs, Louis ne les connut que pour les mépriser. Distinction de la naissance, grâces du corps, beauté du génie, trésors de la fortune, douceurs de l'opulence, splendeurs du trône, tout ce qu'il n'a point laissé à la terre, il l'a consacré à son Dieu, et, avant d'avoir accompli sa vingt-quatrième année, il a fourni la longue carrière des Saints, pauvre pour le monde et riche pour le ciel. Il est peu de figures aussi nobles parmi les innombrables et radieuses légions des élus. Il en est peu qui réunissent, tout à la fois, tant de jeunesse et de maturité, tant d'amabilité et d'héroïsme.

Ce qui ajoute encore, s'il est possible, à l'intérêt du saint et gracieux évêque de Toulouse, c'est qu'il nous appartient d'une manière spéciale à nous surtout Brignolais, qui l'avons vu naître et mourir dans nos murs, c'est qu'il se trouve mêlé aux plus beaux souvenirs de notre histoire ; il est, en effet, par son père, le petit-neveu du grand roi saint Louis, comme il est, par sa mère, le petit-neveu de l'incomparable sainte Élisabeth de Hongrie, et, j'ose dire qu'il est digne de l'un et de l'autre.

D'ailleurs, rien d'authentique comme la vie de notre jeune héros : outre Laurens Surius, Guillaume de Saint-Marcel et l'anonyme contemporain, dont il sera bientôt question, Wadding compte jusqu'à trois de ses biographes qui ont eu l'honneur de vivre dans son intimité, et, dont les deux premiers sont parvenus à l'épiscopat; il cite aussi deux auteurs qui ont fait de sa vie l'objet de plusieurs panégyriques. Le pape Jean XXII a, selon quelques auteurs, adressé la vie de saint Louis en forme de lettres, à tous les prélats de l'Église. Sans parler de Pierre Calot, de Barthélemy de Pise, de Rodolphe, du P. Urold, de Wadding, etc., auquel il a été fait dans le cours de ce présent ouvrage de larges emprunts, Martin de Roa, Marc de Lisbonne et Frémaut nous ont laissé de saint Louis des vies fort estimées qu'il est très-difficile de se procurer.

Mais au premier rang de tous vient se placer l'anonyme contemporain qui rend compte de son travail en ces termes : Mon but n'est point de rapporter toutes les actions de Louis, parce que je n'ai ni tout appris, ni pu tout savoir, mais il y a des choses que j'ai vues de mes yeux, étant chez lui et dans sa compagnie, d'autres que j'ai entendues raconter à des personnes dignes de foi, et surtout à la mère elle-même de saint Louis.

Henri Sédulius, de l'ordre des Frères Mineurs, faisait des recherches sur le glorieux saint François, lorsqu'il trouva, dans la bibliothèque des Frères de Louvain, un manuscrit tout poudreux qui renfermait, avec la vie du patriarche, de son ordre, celle de saint Louis de Toulouse. La découverte de ce précieux trésor le transporta d'allégresse; aussitôt il se mit à l'œuvre, malheureusement, il retoucha le style; il eut beaucoup mieux valu laisser au vieil historien le cachet de son aimable simplicité; il l'enrichit de commentaires, rédigea deux chapitres sur les miracles authentiques dont plusieurs avaient déterminé la canonisation de Louis, pour répondre à la demande expresse et réitérée que lui en avaient faite, soit le clergé de Toulouse, soit les archevêques d'Aix, d'Arles et d'Embrun, les évêques, leurs suffragants et la ville entière de Marseille, à la vue des prodiges qui s'opéraient sur son tombeau. Enfin Sédulius y ajouta le touchant éloge d'un saint, pour lequel il éprouvait l'enthousiasme d'une pieuse vénération; la première édition parut en 1602.

J'ai rencontré dans ce travail des difficultés sans nombre; j'ai sollicité, de toutes parts, des documents qui m'étaient nécessaires; il m'a été indiqué, parmi les ouvrages qui traitent de cette vie édifiante, les suivants, savoir :

1° *Sancti Ludovici Caroli II, Regis Siciliæ filii vita.*

La vie la plus ancienne ensuite écrite par un contemporain de saint Louis, où l'on trouve des choses admirables sur ses vertus, la translation de ses reliques à Marseille, les miracles opérés sur son tombeau, miracles que nous relaterons, en partie, dans cet ouvrage, la bulle de sa canonisation, etc., enrichis d'amples commentaires des *Acta Sanctorum;*

2° *Histoire de saint Louis, évesque de Toulouse et son Culte*, éditée à Avignon, chez Orfray, sans date; cette vie, sans nom d'auteur, est de Louis-Antoine Ruffi, qui a écrit l'histoire de Marseille, 2 vol. in-folio. Cette histoire est vraiment curieuse et de la plus grande utilité; on y trouve, avec le testament du Saint, en français, l'indication de beaucoup de pièces, tant imprimées que manuscrites, qui jettent une grande lumière sur les principales circonstances de la vie de notre Saint;

3° *La Vie de saint Louis, par un citoyen de Brignoles*, éditée à Avignon, en 1720; cette vie a été composée par le Père Calixte, originaire de Brignoles, capucin, appelé du nom de famille Jean-Baptiste Rolland.

Cet ouvrage que je m'abstiendrai de reproduire, attendu qu'une quantité d'exemplaires se trouvent dans la plupart des familles de Brignoles, renferme, outre la vie de notre Saint, des dissertations très-intéressantes sur plusieurs points spéciaux de la vie de saint Louis, sur son testament, sur la bulle de sa canonisation, sur le lieu de sa naissance, etc. Les preuves de ces dissertations ont été puisées dans l'ouvrage du P. Pagi, intitulé : *De Antonii Padoua Sermones* (*Avenione*, 1686, in-12).

4° *Les Acta Sanctorum* où se trouvent, à l'article de la vie de saint Louis, de si belles choses ;

5° Enfin, j'ai trouvé chez M. Ad. Mame, imprimeur à Tours (Indre-et-Loire), la précieuse vie de saint Louis, évêque, éditée en 1855, composée par M. le chanoine Henri, directeur-général du petit-séminaire de Langres. J'ai trouvé cet ouvrage si bien écrit, les faits si bien détaillés, l'ordre chronologique des mêmes faits si bien établi que je n'ai pas cru pouvoir mieux faire que de reproduire, avec l'autorisation expresse du propriétaire-éditeur, et en y faisant quelques modifications, cet excellent ouvrage où les récits sont puisés à des sources véritablement authentiques, ainsi que je m'en suis assuré.

Je divise le présent ouvrage en deux parties distinctes : la première, que j'appelle historique, comprend vingt-cinq chapitres, dont le dernier résume les livres 4 et 5 de la vie de saint Louis, écrite par un citoyen de Brignoles, pour l'édification et la consolation des habitants de la chère ville dont ce Saint est le patron.

La seconde partie se compose d'une neuvaine de méditations sur les vertus de saint Louis, de ses litanies en latin et en français, de quelques prières et cantiques en l'honneur de notre Saint.

En livrant à la publicité cette vie de saint Louis, évêque de Toulouse et patron de la ville de Brignoles, je ne fais que satisfaire à un désir ardent que j'ai conçu dès mon jeune âge, et que j'ai voulu réaliser avant de descendre dans la tombe, et cela, pour la gloire seule de Dieu et de son bienheureux serviteur.

Puisse mon livre être utile à mes concitoyens et aux autres personnes qui le liront ;

puisse-t-il les instruire, les édifier, augmenter, ou faire naître en eux la dévotion envers le Saint dont je retrace la vie et les porter à l'imitation des vertus dont il nous a laissé de si beaux exemples!

VIE DE SAINT LOUIS

ÉVÊQUE DE TOULOUSE

Et Patron de la Ville de Brignoles

CHAPITRE PREMIER

Naissance de Louis. — Sa famille. — Noms du saint enfant. — Tableau de ses vertus naissantes. — Sa mortification, son assiduité dans les Églises. — Les miracles de sa charité. — Sa pureté virginale. — Beau modèle de l'enfance, pendant les premières années de sa vie.

L'aimable Saint, dont nous écrivons la vie, naquit au château de Brignoles, en Provence, l'an de Jésus-Christ, 1274; plusieurs auteurs prétendent qu'il naquit au mois de février. On sait que déjà les comtes de Provence faisaient leurs délices de séjourner à Brignoles, jolie petite ville, renommée alors, comme aujourd'hui, par les charmes de sa situation, par la riche fécondité de ses plaines, par ses fruits exquis et abondants, par la salubrité d'un air pur et tempéré. Cette ville occupait, à la naissance de saint Louis, un rang distingué parmi les anciennes villes de Provence ; elle se distingue encore aujourd'hui par l'urbanité et les sentiments religieux qui caractérisent ses habitants ; ce fut donc dans cette ville que Louis prit naissance et qu'il reçut le Sacrement de la régénération.

Peu de princes l'ont emporté sur lui par la grandeur de la naissance ; le ciel, ce semble, s'était plu à faire couler le sang royal dans ses veines pour faire ressortir, avec plus d'éclat encore, l'éminence d'une vertu destinée à fouler aux pieds toutes les grandeurs de la terre. Louis avait pour père Charles II, fils de Charles Ier, comte d'Anjou et de Provence (comte d'Anjou par sa naissance, et comte de Provence par sa femme Béatrix), appelé par le Saint-Siége au trône de Naples, de Sicile et de Jérusalem. Issu de Louis VIII, de Blanche de Castille, Charles Ier était frère de saint Louis, celui de tous les Rois qui sut mieux porter le sceptre en face d'une grande nation. D'autre part, notre jeune Louis devait le jour à Marie, fille d'Étienne, Roi de Hongrie et petit-fils d'André II, père de l'illustre sainte Élisabeth, duchesse de Thuringe. Ainsi, saint Louis évêque, du côté de son père, comme du côté de sa mère, était le petit-neveu de deux des plus grands Saints qui aient illustré cette mémorable époque.

Il ne sera pas sans intérêt pour la gloire de la Religion, et, pour faire briller aux yeux de nos lecteurs l'éclat des vertus de notre saint Patron, d'observer qu'une nombreuse et florissante famille fut le fruit de la bénédiction qui planait sur ces maisons royales. Charles II et Marie de Hongrie eurent neuf fils (quelques auteurs disent dix) et cinq filles; l'aîné, Charles Martel, prince de Salernes, fut couronné roi de Hongrie, du vivant de son père et de sa mère; Robert, le troisième, succéda au trône de Sicile; le quatrième fut prince de Tarente; le cinquième était Raymond Bérenger; le sixième, Jean; le septième, Tristan; le huitième, Jean, duc de Morée, nommé depuis duc de Dyrrachium; le neuvième, Pierre, comte de Gravine. Clémence, l'aînée des filles, épousa Charles de Valois, tige d'une branche royale de France; Blanche, la seconde, Jacques d'Aragon; Éléonore, la troisième, le roi Frédéric de Sicile, frère de Jacques; Marie, la quatrième, le roi de Majorque; Béatrix, la cinquième, s'unit, en premières noces, au marquis de Ferrare, et, en secondes noces, au comte de Montescayoux. Ainsi, les enfants de Charles II marchèrent dans le sentier de la gloire, selon le monde, mais celui de tous qui, par des voies bien différentes, parvint à la gloire la plus pure, la plus éclatante, la plus impérissable, ce fut le second des fils, appelé tantôt Louis de Toulouse, parce qu'il en fut Évêque, tantôt de Brignoles, parce qu'il naquit et mourut dans cette ville; quelques-uns l'appellent encore Louis de Marseille, parce qu'il choisit son tombeau chez les Frères

Mineurs de Marseille ; or, le premier de ces titres révèle le glorieux sacrifice qui lui fit abandonner le monde pour marcher à la suite de Jésus-Christ ; le second nous apprend la vénération, le respect et la confiance des habitants de Brignoles pour ce grand Saint ; le troisième nous apprend que le tombeau des Saints est le berceau de leur éternelle vie. Quant au nom de Louis, qu'il reçut à son baptême, il fut le gage de ses hautes destinées. Pleins d'admiration pour l'éminente sainteté de saint Louis, roi de France, son oncle, le père et la mère de cet heureux enfant lui avaient donné son nom, afin qu'il retraçât dans sa condition les éclatantes vertus d'un si glorieux patron. Cette religieuse attention dit assez la piété qui animait ses parents, et les soins empressés dont ils durent entourer les premières années d'un fils sur lequel ils désiraient si ardemment voir reposer l'esprit de saint Louis ; leur vœu ne fut pas trompé. Abondamment prévenu des bénédictions du ciel et jaloux de marcher sur les traces du beau modèle que lui rappelaient sans cesse les traditions domestiques, le jeune neveu surpassa bientôt par des prodiges de vertu, la douce attente des auteurs de ses jours.

Enfant, il ne se livra pas le moins du monde aux goûts et aux frivolités de l'enfance. Le sérieux de la piété, la gravité des mœurs, la sagesse de la conduite lui donnaient la maturité de la vieillesse ;

pour lui, les plaisirs n'avaient aucun charme; prenait-il part à d'innocentes récréations, c'était pour reposer l'esprit et fortifier le corps ; souvent, tandis que les jeunes seigneurs élevés avec lui se livraient avec passion aux jeux et aux plaisirs de leur âge, lui, leur égal pour les années, mais leur maître en sagesse, quittait leur compagnie bruyante; cédant à l'attrait de l'amour divin, il se retirait à l'écart pour servir Dieu dans le recueillement et la ferveur de la prière ; il ne respirait que la gloire de Dieu, et toute son ambition était de lui plaire; nouveau Salomon, il avait désiré, et l'intelligence lui avait été donnée; il avait prié, et l'esprit de sagesse était venu en lui *(Sagesse, 7-7)*, et, c'est pour cela, qu'il éclipsait tous ceux de son âge.

Il fallait, pour cultiver de si favorables commencements, des mains habiles, accoutumées à former des saints; Charles désira de rassembler dans les maîtres qu'il destinait à son fils, les talents et la piété; il les trouva parmi les disciples de saint François d'Assise ; la reine Blanche leur avait confié le trésor de la France, celui qui, sans descendre du trône, ne régna que pour Jésus-Christ; Charles leur confia celui qui, pour Jésus-Christ, sut abandonner ses droits à la couronne. Ces maîtres furent aussi Richard de Milleton, docteur de l'Université de Paris, et l'un des plus savants théologiens de son siècle ; Guillaume de Fulgaria et Pons Carbonnelly, dont les lumières égalaient les vertus ; ils étaient d'abord chargés seuls de l'éducation du jeune Louis, mais l'art d'élever un prince renfermant plusieurs objets, le roi leur réunit, dans la suite, Guillaume de Monier, gentilhomme provençal, en qualité de gouverneur, et Jacques d'Euse ou d'Ossat, en qualité de précepteur. C'est ici le célèbre d'Ossat de Cahors, qui, de prévôt de l'église de Barjols, fut fait évêque de Fréjus, puis archevêque d'Avignon, enfin cardinal et souverain-pontife, sous le nom de Jean XXII. De tels maîtres, dont une piété éclairée avait déterminé le choix, entrèrent parfaitement dans les vues du prince de Salernes, qui croyait que c'était peu de laisser de vastes provinces à ses enfants, s'ils n'acquéraient la sagesse pour les gouverner.

Louis développa bientôt les riches qualités de son âme : la bonté, la franchise, la docilité en faisaient le fonds. Il parut tout ce qu'il devait être du côté de l'esprit et du côté du cœur. Il s'appliqua avec soin à l'étude des lettres, il les goûta et il mérita l'admiration de ses maîtres ; mais les connaissances qu'il acquit ne servirent qu'à le raffermir dans l'amour de la vertu ; plus il s'attachait à perfectionner les facultés de son âme, plus il travailla à se rendre agréable à son Dieu par la pratique de sa sainte loi.

Son illustre mère et les personnes qui présidaient

à son éducation révélèrent une particularité qui tient du prodige. A peine âgé de sept ans, au milieu des molles délices dont on entoure les enfants des rois, il dédaigna, plus d'une fois, les douceurs d'un moelleux duvet, pour se coucher sur le tapis étendu au pied de son lit. Ainsi, dès ses plus tendres années, guidé par l'esprit de pénitence, le jeune prince éprouvait une sainte horreur pour ces délicatesses mondaines qui attisent la volupté, et se formait, de bonne heure, au genre de vie dont il ne devait jamais se départir; on eut dit qu'il comprenait déjà cet oracle qu'il n'avait pu lire encore : *le jeune homme suivra la voie, même dans sa vieillesse, il ne s'en écartera pas.* (Prov. 22-6.)

Louis grava dans son jeune cœur les principes de la sagesse, et prit, dans toute sa conduite, les habitudes d'une gravité calme qui fut la compagne de toute sa vie. Si l'on en croit un hagiographe moderne, sa mère n'était point étrangère à ces austérités naissantes; elle l'y portait avec ardeur, et ne craignait point le reproche de sévérité dans la conduite à l'égard de son fils; elle lui faisait pratiquer, par principe de religion, ce que les païens obligeaient leurs enfants de faire pour fortifier leur corps et les disposer d'avance aux pénibles travaux de la guerre; elle savait que l'habitude de maîtriser ses sens et ses affections est toujours accompagnée de vertus morales et chrétiennes. Outre les leçons de sa pieuse mère et de ses célèbres maîtres, Louis prêtait aussi les oreilles de son cœur aux célestes inspirations; aussi le voyait-on fréquenter assidûment les écoles de l'Esprit-Saint, je veux dire les églises et les monastères, dont la céleste influence fit éclore, dès-lors, le projet que sa piété réalisa plus tard. Enrichie des dons les plus précieux, les plus extraordinaires de la grâce, sa belle âme semblait s'épanouir dans toute sa personne. On admirait en lui une invincible patience, une ineffable mansuétude, une charmante modestie, une pureté angélique, une docilité de caractère, une maturité de jugement impossibles à dépeindre. Quelles éclatantes splendeurs ne promettait pas une si brillante aurore! Quelles riches moissons de vertus, des germes si heureux n'annonçaient-ils pas pour l'avenir!

Divers traits conservés par ses historiens nous initieront mieux que toute autre chose à ce qu'il y avait de divin dans une pareille enfance. Louis, tout jeune encore, est marqué du sceau de la prédestination, qui est le caractère distinctif de tous les Saints; pénétré des plus tendres sentiments de compassion à l'égard des pauvres, il leur prodiguait tous les services dont ils avaient besoin; Dieu, touché de ces miséricordieuses libéralités, voulut les glorifier par des prodiges. Voici comment la chose arriva : encore tout petit enfant, Louis se plaisait à piller l'office et la salle à manger, pour distribuer à l'indigence les larcins de sa charité. Wadding nous rapporte que le majordome, qui en avait déjà fait ses plaintes à son père, surprit un jour en flagrant délit le petit délinquant ; il venait de dérober une magnifique volaille destinée à la table royale ; dans ce moment, rencontrant le prince de Salernes, père du jeune Saint, il lui dit : voilà Louis qui, suivant son habitude, emporte quelque chose sous son vêtement ; Charles ordonne à son fils d'exhiber l'objet qu'il emporte ; le charitable enfant relève son manteau, et aussitôt paraît, dans sa main pendante, un superbe bouquet de fleurs. Cette miraculeuse métamorphose lui mérita sa grâce ; aussitôt les fleurs reprirent leur nature première, et Louis en régala quatre pauvres. Instruit de tout cela, Charles glorifia Dieu dans ses œuvres, et fournit au jeune héros de la charité de quoi verser dans le sein de l'indigence d'abondantes aumônes. Ce miracle offre beaucoup d'analogie avec celui dont le P. Arold nous parle en ces termes : lorsque Louis était tout petit enfant, d'après ce que j'ai ouï dire, il allait souvent à la cuisine dérober de la viande qu'il cachait sous ses habits. Une fois, le roi l'ayant aperçu, l'appela, et lui dit : Qu'est-ce que tu portes ? A ces mots, Louis ouvrit modestement son sein, il était plein de roses !

c'était au mois de janvier ; un tel prodige fut l'objet de l'admiration universelle.

Notre jeune Saint présumait sans doute que la volonté de son père n'était pas sincèrement opposée à ces aumônes. Quoi qu'il en soit, ces faits particuliers aux Saints qui marchent dans des voies extraordinaires, ont plutôt pour but de nous révéler le haut prix que Dieu attache aux œuvres de la charité que de nous tracer à tous une ligne de conduite.

La sagesse n'habite pas dans un corps assujetti au péché *(Sagesse, 1, 4)* et, pour brûler, pure et vive, au fond des cœurs, la charité doit repousser loin d'elle les ténébreuses flammes de l'amour impur. Louis cultivait avec tant de soin le lys éblouissant de la virginité qu'il le conserva toujours exempt de la moindre souillure. Dès son enfance, son amour pour cette belle vertu avait pleinement captivé son âme, et, pour la mettre à l'abri de toutes les atteintes, il fuyait, sans exception, la compagnie des personnes d'un autre sexe, excepté peut-être sa mère et ses sœurs ; c'était à peine s'il se résignait jamais à rester tête à tête avec ces personnes.

Une si fidèle correspondance à l'action de la grâce dans un âge si jeune encore centuplait sur la tête de Louis les bénédictions du ciel, et, dans son cœur, la puissance du bien qui devait faire l'élément de toute sa vie. Heureux celui qui, comme Jacob, a été reconnu dans les bénédictions du Seigneur, qui a aimé et recherché la sagesse dès son enfance, comme Salomon, a été fort et vaillant dans la jeunesse, comme Judas Machabée ; la sagesse se répandra sur lui comme un fleuve et il la possèdera jusques dans ses derniers jours.

On vit Louis, dès sa plus tendre enfance, accorder à la prière tout le temps qu'il pouvait dérober à ses autres occupations ; sa ferveur l'y soutenait pendant des heures entières, et une partie de la nuit était destinée à ce saint exercice. Les sérieuses réflexions qu'il faisait chaque jour sur le néant des grandeurs de la terre, sur la brièveté de la vie, sur la gloire immense réservée dans l'éternité à l'âme fidèle, détachaient son cœur de tout ce qui est créé, et l'enflammaient de l'amour du souverain bien. Le recueillement, dont il commença de former l'heureuse habitude dans sa jeunesse, le rendit attentif sur tout ce qui eut été capable de l'éloigner de Dieu, afin de l'éviter. Il lui inspirait cette modestie et cette aimable douceur qui ne semblaient éclater au-dehors que pour laisser apercevoir la beauté et la sérénité de son âme. Il aimait à entendre parler des adorables mystères de la vie d'un Dieu sauveur ; il aimait encore plus à en parler lui-même, et son cœur donnait, dans ces occasions, un libre essor à ses sentiments. C'était la sagesse d'un ange qui paraissait sous une figure mortelle.

De cet esprit de recueillement naissait dans lui le mépris du monde, et le goût pour le silence et la retraite. On l'a observé plus d'une fois, dans les jours de délassement, se séparer de la compagnie des enfants d'honneur qui marchaient à sa suite, pour se livrer tout entier aux mouvements de sa ferveur, et, pour contempler, avec plus de liberté, les perfections infinies de l'Être suprême. Il désirait que ses promenades, comme nous l'avons déjà dit ci-dessus, eussent pour terme une église ou un monastère ; sa piété trouvait alors son aliment. Il s'informait avec empressement des règles, des mortifications que pratiquaient les religieux, et ce récit édifiant l'animait lui-même à travailler à sa perfection avec une nouvelle ardeur. On le suivait avec plaisir jusqu'aux pieds des saints autels. Les égards et les marques de distinction dues à sa qualité ne l'y accompagnaient jamais ; il ne le permettait pas ; mais sa modestie y annonçait, en même temps, la grandeur de sa foi et les sentiments d'humilité dont il était pénétré auprès de la Majesté Divine. Les augustes cérémonies de la religion l'attendrissaient; des larmes de joies coulaient de ses yeux ; sa ferveur se répandait sur son visage ; un Dieu immolé sur un nouveau calvaire, gagnait son cœur, et l'on disait ordinairement que, pour concevoir des sentiments de piété, il n'y avait qu'à voir le jeune prince assister au Saint-Sacrifice de la Messe.

Un si tendre amour pour Jésus-Christ devait être inséparable de la plus parfaite innocence. Louis en conserva toujours le précieux dépôt avec la plus scrupuleuse attention. Né pour la vertu, il sut se préserver de tout ce qui eut été capable de le séduire, soit par la bonté de son caractère, soit encore plus par le soin qu'il eut de veiller sans cesse à la garde de ses sens. Il redoutait jusqu'au moindre souffle qui eut pu ternir la sainteté de son âme. Une parole moins réservée, un geste peu conforme aux maximes du chrétien, lui faisaient horreur. Son extrême délicatesse sur ce point lui avait mérité le nom de petit ange de la cour; il l'était, en effet, par la pureté de son cœur qui semblait avoir été préservé du funeste poison du péché du premier homme, et ne partager en rien la triste corruption de la nature; aussi pouvons-nous assurer que cette rare vertu n'était dans lui que le don de la grâce. Il la demandait, il l'avait obtenue par la médiation de la Reine des Anges, pour laquelle il eut, dès son berceau, la plus tendre et la plus entière confiance; il lui payait, chaque jour, un tribut de louange, en récitant son petit office et plusieurs autres prières en son honneur, et cette Mère de miséricorde récompensa toujours sa confiance par la plus signalée protection.

Le désir de vivre sans tache est un désir insatiable de mortification. Depuis le précurseur de Notre-Seigneur Jésus-Christ, le bienheureux saint Jean-Baptiste, modèle de l'innocence et de la pénitence, ces deux vertus se prêtent l'une à l'autre leur appui, leur mérite, leur gloire : le lys de la pureté doit son éclat et sa vie aux épines qui l'environnent. Nous apprenons du premier auteur de la vie de notre jeune Saint, qu'il s'exerçait, dès l'âge de sept ans, aux rigoureuses pratiques de la pénitence, qu'il savait déjà se prémunir des fautes même involontaires, captiver la fougue des sens et de l'imagination, se mortifier par la sobriété et se priver souvent des plaisirs innocents qu'il eut pu goûter sans péché. Ce généreux athlète de la pénitence allait encore plus loin : il passait la plus grande partie des nuits couché sur une natte, c'est le témoignage qu'en a rendu la princesse sa mère, qui l'avait bien souvent surpris dans cet état crucifiant pour la nature.

Plusieurs écrivains assurent qu'il avait été présent, avec le prince de Salernes, à l'invention des reliques de l'illustre pénitente de l'Évangile qui fut faite avec tout le respect possible. Louis n'était alors âgé que de cinq ans; les premières impressions laissent des traces éternelles dans un jeune cœur; l'image présente des dépouilles mortelles de la sainte amie du Sauveur, et le souvenir de sa pénitence lui en inspirèrent, dès-lors, le généreux attrait. Il aimait à souffrir pour son Dieu ; ce Maître adorable, dont les desseins sont cachés aux yeux des hommes, en disposa les voies. La pénitence de Louis devait être une pénitence d'épreuves, plutôt qu'un moyen d'expiation.

Remontons à la cause de l'événement inattendu qui place le jeune Louis en ôtage dans l'obscurité d'une prison.

CHAPITRE DEUXIÈME.

Avantages de la tribulation. — Louis en Catalogne. — Aperçu historique sur la cause de sa captivité. — Résignation exemplaire. — Pensées du noble captif sur les avantages de l'adversité. — Grave maladie. — Vœu de Louis. — Péril extrême. — Miraculeuse délivrance. — Résolution de Louis.

L'holocauste était commencé; le ciel vint seconder les vœux de la tendre victime en le plaçant lui-même sur l'autel de l'immolation. L'adversité est, qu'on me permette ce terme, la gymnastique de la mâle vertu, et il nous faut passer par le calvaire avant d'arriver au mont des oliviers, pour prendre de là notre essor vers les cieux. C'est le cachot qui conduit l'aimable Joseph sur les marches du trône, c'est l'affliction qui mérite des consolations ineffables à la vertu perfectionnée de Tobie; c'est après avoir bu du torrent au chemin de la vie, que le Saint des Saints élève une tête couronnée de gloire.

Parce que Louis était le fils bien-aimé de Dieu, il lui fallut souffrir les épreuves de la souffrance. Lors donc qu'à l'exemple du patriarche Jacob, il eut paisiblement coulé les premières années de sa vie sous le toit paternel, un décret du ciel, qui se plaît à éprouver les enfants de sa prédilection, l'envoya en Catalogne briser les chaînes de son père, et répondre, en qualité d'ôtage, des conditions stipulées au sujet de la délivrance du roi. La gravité d'un événement qui exerça une incalculable influence sur toute la vie de notre jeune héros, exige que nous en exposions rapidement l'origine et la cause. Investi du royaume des Deux-Siciles par le pape Clément IV, le comte d'Anjou et de Provence, Charles Ier, avait affermi la couronne sur sa tête, par la défaite de l'usurpateur Manfred, puis par la mort de son pupille Conradin et celle de Henri de Castille, tous deux rebelles aux ordonnances du Saint-Siége. La conquête était achevée; malheureusement un gouvernement dur et superbe eut bientôt aliéné les esprits. L'irritation était à son plus haut période, lorsqu'à la faveur de ces sourds mécontentements, l'empereur de Constantinople et le roi d'Aragon conspirèrent la ruine du nouveau monarque. Au souffle de leur haine conjurée, la rebellion fit une explosion soudaine, et l'affreux massacre, connu sous le nom de *Vêpres Siciliennes*, noya dans des flots de sang français, la puissance de Charles d'Anjou. Pendant près de deux ans, les foudres du Vatican, des négociations suivies et de formidables armements furent impuissants à replacer la Sicile sous le sceptre de Charles Ier. Par les ordres du Saint-Siége, on prêcha la croisade contre le nouvel usurpateur, Pierre d'Aragon, dont l'amiral vint provoquer au combat le prince de Salernes ; la bouillante ardeur de celui-ci ne put résister à d'outrageants défis. En dépit des ordres de son père, qui lui avait expressément défendu d'en venir à une action pendant son absence, en dépit des prières du légat, qui ne pouvant enchaîner sa fougue imprudente, protesta par écrit contre une témérité qui devait être si funeste, Charles monta sur ses galères, engagea le combat et tomba entre les mains de son ennemi. C'était le prix de sa présomptueuse témérité et indocilité. Deux jours après, arriva le roi son père, à la tête d'une nombreuse flotte; mais il était trop tard. Vainement multiplie-t-il les efforts de son activité, l'activité ne parvint point à triompher de mille et un obstacles qui se dressaient devant lui, et il descendit dans la tombe sans avoir pu, ni réparer ce désastre, ni reconquérir ce que lui avait ravi une insurrection sanglante. Charles Ier, au jugement de Paul Émile, était un roi d'un grand caractère; mais les fautes des siens ayant compromis sa fortune, des revers éclatants avaient succédé à d'éclatantes victoires et abreuvé d'amertumes ses derniers jours. Le prince de Salernes, son fils, languit plus de deux ans dans les prisons de l'Aragonais; enfin, grâces à la médiation du roi d'Angleterre, la liberté lui fut rendue, comme préliminaire indispensable de la paix, à la condition toutefois qu'il donnerait en ôtage trois de ses fils et cinquante gentilhommes de Provence, d'autres disent quarante et certains autres soixante.

Or, les trois ôtages du sang royal étaient Louis, Robert et Raymond. Notre jeune Saint n'avait que quatorze ans, lorsque les jours de sa captivité commencèrent, et, malgré cela, les rigueurs qu'elle lui fit essuyer ne furent jamais au-dessus de son héroïque résignation. Loin de se laisser abattre, Louis relevait encore le courage de ses compagnons d'infortune, leur apprenant, par l'ascendant de ses exemples et la sagesse de ses conseils, le moyen de faire un saint usage de leurs cruelles épreuves; éclairé des lumières de la foi, il ne vit dans la perte d'un royaume, dans la captivité de son père et dans la mort de son aïeul, que des bienfaits de la bonté d'un Dieu toujours juste et toujours miséricordieux, qui ne nous frappe que pour nous sauver. « C'est vous, s'écria-t-il, à la première
« nouvelle qu'il reçut des malheurs du roi son
« père, c'est vous qui l'ordonnez ainsi ; il ne m'est
« pas permis de m'en plaindre ; j'adore la main
« qui s'appesantit sur nous : heureux d'avoir part
« au calice amer de vos souffrances, qui sont le
« gage précieux de votre amour ; soyez éternelle-
« ment loué. » Ainsi, au lieu de se laisser abattre sous le poids de ses malheurs, sa vertu acquérait, chaque jour, un nouveau mérite. La vertu élève et ennoblit les sentiments ; ceux de Louis, dans cette triste occasion, furent la consolation de la reine. Il répandit son cœur affligé dans le sien, il le for-

tifia dans le sein de l'adversité, il essuya ses larmes par l'onction de ses discours; il lui fit entrevoir, par la confiance sans bornes qu'il avait aux bontés de Dieu, des jours plus heureux, un avenir plus serein, et sa confiance et ses vœux furent l'unique remède à ses maux.

Heureux de témoigner à l'auteur de ses jours son affectueuse reconnaissance, il avait eu hâte de charger son corps délicat du poids de ses propres chaînes; maintenant, jaloux de payer au Seigneur le tribut d'une pieuse soumission, il restait patiemment courbé sous le joug qu'il avait imposé à ses faibles épaules.

Comme au sein de l'adversité, son front, miroir de la sérénité de son âme, rayonnait d'une douce joie, on lui demanda un jour le secret de cette impassibilité surprenante. « L'infortune, répondit-il,
« offre plus d'avantages aux amis de Dieu que la
« prospérité. C'est sous la pression de la souffrance
« que notre soumission au Seigneur éclate. Les
« succès enflent le cœur, ils éloignent de nous la
« pensée et la crainte du Seigneur. Tel qu'un mé-
« decin ignorant, la fortune aveugle ceux qu'elle
« caresse, elle jette dans le délire de l'ivresse les
« objets de ses excessives faveurs. Malheur donc à
« celui que ne visite aucun revers! ou il n'a pas
« la conscience de lui-même, parce qu'il n'a jamais
« fait l'épreuve de sa propre misère, ou bien il

« n'est point agréable au Seigneur, qui le laisse de
« côté, tel qu'un lâche indigne de combattre pour
« sa cause. Il est besoin de quelque fâcheux retour
« pour éprouver un cœur généreux. C'est le propre
« d'une grande âme, d'être calme et impassible au
« sein de la tribulation ; oui, mépriser fièrement
« les désastres, mettre sous les pieds de la vertu
« les accidents de la vie, planer généreusement
« au-dessus des calamités si ordinaires aux mor-
« tels, c'est le fait d'un caractère élevé. »

C'est dans la carrière du malheur que, fortifiée par de rudes, mais salutaires exercices, la vertu du jeune athlète de Jésus-Christ parvint à une si rare perfection ; qu'une fois exceptée, il ne pria jamais le Seigneur de briser ses chaînes, mais ajouta-t-il cette clause : *Si cela importe à mon salut.* C'est Louis, lui-même, qui en a fait l'aveu, lorsqu'il fut rendu à la liberté ; et, chose plus étonnante encore ! il affirmait qu'il n'eut pas voulu échanger ses fers contre tous les trésors du monde ; alors même qu'il en était affranchi, il eut voulu les reprendre et se replacer à l'école où il avait fait de si rapides progrès ; pénétré de cette pensée, il s'écriait avec le prophète : *Nous nous sommes réjouis aux jours où vous nous avez humiliés, dans les années où nous avons vu le malheur.* La sagesse est souvent le fruit de l'épreuve ; c'était déjà beaucoup pour Louis de marcher d'un pas ferme sur les traces de Tobie, et de ne point abandonner au sein de l'affliction la voie de la vérité. Toutefois, la divine Providence qui le réservait à de hautes destinées, résolut de multiplier autour de lui les peines et les tribulations, afin d'en former, à force de le travailler et de le polir, un vase précieux, un vase d'élection. Assailli par une dangereuse maladie dans la forteresse de Sura, il se prit à cracher des humeurs purulentes et sanguinolentes qui furent, pour ses médecins, l'indice d'une phthisie pulmonaire. Le mal faisait de rapides progrès; la veille de la Purification de la Très-Sainte Vierge, les symptômes furent des plus alarmants; c'était à tel point que de violents accès menaçaient d'asphyxier le malade. La crise passée, le saint jeune homme, dans le but d'obtenir sa guérison, fit vœu au Seigneur, sous les auspices de la bienheureuse Vierge Marie et du glorieux saint François, de lui consacrer le reste de ses jours dans l'ordre des Frères Mineurs. L'efficacité de ce vœu et la puissance de l'intercession qu'il invoquait lui rendirent la santé. Louis n'oublia pas cette faveur; guidé par l'inspiration du Saint-Esprit, le saint jour de la Pentecôte, il se rendit, de grand matin, à la chapelle de la citadelle, dédiée à la Bienheureuse Vierge Marie; là, au pied des autels, il renouvela les engagements qu'il avait formés au fond de son cœur. C'était un sublime holocauste que l'offrande d'une telle victime à la fleur de ses ans. Pour Louis, la véritable vertu était de s'immoler à Dieu, plutôt que de s'appartenir ; c'est ainsi qu'il répondait aux avances du ciel ; le Seigneur avait préparé la croix, le jeune prince s'y clouait de ses propres mains.

Tout, dans les événements de la vie, contribue au bien de ceux qui aiment Dieu. On avait relâché les liens des nobles captifs ; on leur avait permis les exercices du cheval, des armes, de la course et de la petite guerre ; or, tout cela souriait infiniment à Robert, depuis roi de Sicile ; pour complaire à un frère orné des plus brillantes qualités, Louis y donna les mains, et le voilà sur un superbe et vigoureux coursier ; soudain sa monture se couche, se renverse en arrière, et trois fois se roule sur son cavalier ; le péril était extrême, et un pareil jeu devait lui coûter la vie. Au milieu de l'épouvante et de la consternation générales, Louis se relève en essuyant la poussière qui le couvre ; on n'attendait plus que son dernier soupir, et, contre l'attente universelle, il n'avait pas reçu la moindre atteinte. Un miracle si frappant excita l'admiration dans tous les cœurs ; on tombe à genoux, on bénit le Dieu qui sait, quand il lui plaît, délivrer les siens des plus éminents périls.

Rentré chez lui, le jeune prince se mit à considérer, et la fragilité des choses humaines et l'infinie miséricorde de Dieu qui veille à notre garde. Il méditait cet oracle du saint Roi prophète : *Un coursier, vain espoir de salut pour quiconque s'y confie! Sa vitesse et sa force ne le sauveront point* (Rom. 8, 25), et cet autre : *Le Seigneur n'approuve point qu'on se confie à la force de son coursier ou à la vitesse de ses pieds* (Ps. 32, 17); *le Seigneur chérit ceux qui le servent et espèrent en sa miséricorde* (Ps. 146, 10, 11); alors de toute l'étendue de son cœur, il se jeta dans le sein de Dieu, renonça au métier des armes et se prit à dédaigner les pompes du monde. Inébranlablement déterminé à servir le Seigneur Jésus, il résolut dès-lors de ne plus aller à cheval et de ne plus porter les armes ; cet engagement généreux, il le garda scrupuleusement jusqu'au dernier soupir; même lorsqu'il fut élevé à la dignité épiscopale, le souvenir de l'humble pauvreté du Roi-Pontife Jésus, entrant à Jérusalem monté sur un ânon, ne lui permit jamais d'aller à cheval; la mule la plus vulgaire lui servait de monture. Généreuse humilité, aimable modestie! Si elles flattent dans la personne du pauvre, elles font, à plus juste titre, la gloire des grands de la terre.

Tendre enfant, Louis, au sein de la cour, renonce aux délices du monde; adolescent, il avale le calice d'amertume; c'est partout le détachement, partout l'immolation.

Louis, quoique prince, ne reçut aucun des égards dûs à son rang; la divine Providence lui ouvrit une route bien différente; elle n'élève à la gloire que par les humiliations. Louis, ses deux frères et quatre des principaux seigneurs furent surveillés de plus près et renfermés dans le fort Montrathan, à Barcelone. La sagesse descendit avec lui dans la prison et ne l'abandonna pas dans les fers; la captivité dura sept ans, il en avait quatorze quand il y entra. Le premier sentiment que la piété forma dans le cœur de Louis, fut celui d'une soumission aveugle aux volontés du ciel. Quelque sensible que dût être le sacrifice de sa liberté, il l'accepta avec humilité, avec joie, avec amour. Il fit dès-lors une généreuse résolution de renouveler les actes de la résignation, le plus souvent qu'il lui serait possible; il aimait sincèrement son Sauveur et il voulut l'aimer dans l'adversité encore plus que dans la prospérité. Jamais on n'aperçut en lui ces inquiétudes fatigantes que produit l'impatience dans les âmes imparfaites. Jamais les plaintes n'affaiblirent le mérite de son sacrifice. Déjà consolé lui-même au pied de la croix, il était encore le consolateur de ses frères et l'exemple des compagnons qui partageaient les rigueurs de sa captivité.

Un jour, étonné de la tranquillité de son esprit au milieu de ses souffrances, un seigneur lui demanda ce qu'il pensait de ses disgrâces; le jeune héros lui répondit, sans hésiter, qu'elles sont plus avantageuses aux chrétiens que les délices de la prospérité, parce qu'elles leur apprennent à être toujours fidèles à Dieu. « On oublie facilement ses devoirs, ajouta-t-il, lorsque tout réussit au gré de nos désirs ; la fortune ressemble à un médecin, sans expérience, qui donne la mort au malade qu'il voudrait guérir ; trop malheureux est celui qui n'a pas marché dans la voie des souffrances, et que la tribulation n'a pas éprouvé ; il ne se connaît pas lui-même, et Dieu semble l'avoir oublié. Les élus ne désirent des grâces temporelles que celles dont l'accomplissement n'est pas un obstacle à la sainteté. »

Ce parfait oubli de ses intérêts entre les mains de Dieu en toutes choses, cette humble constance dans l'opprobre de ses chaînes, cette paix du cœur qui le rendait supérieur à ses infortunes, n'étaient dans Louis que l'effet de la véritable grandeur d'âme, inséparable de la vertu. Il en déploya tous les caractères : la simplicité, la candeur, la fermeté, l'uniformité. Toujours égal à lui-même, ses discours n'avaient rien d'affecté, son accès rien de difficile. Sa conduite fut, la dernière année de sa captivité, ce qu'elle avait été dès le commencement. Les mêmes vertus que le roi saint Louis avait fait briller dans les fers des Sarrasins en Afrique, l'héritier du sang d'Anjou les pratiqua dans sa prison en Espagne. On avait admiré le vainqueur de Damiette plus grand dans ses malheurs, qu'il ne l'avait été dans ses conquêtes ; on admira le jeune Louis plus vainqueur encore de lui-même dans les disgrâces, qu'il ne l'avait paru environné de plaisirs et de dangers, à côté du trône ; l'oncle finissait la carrière, le neveu la commençait. Ce qui fut la récompense de l'un n'était que l'apprentissage pour l'autre ; la sainteté a formé la ressemblance, et les mêmes épreuves ont justifié la sainteté.

CHAPITRE TROISIÈME.

Fervente piété de Louis.—Récitation du Saint-Office. — Psaumes et *Salve Regina*. — Office de la Passion. — Dévotion au nom de Jésus. — Alternative des lectures et des prières.— Prières et larmes nocturnes. — Lutte victorieuse contre l'ennemi de la piété.

Nous venons d'esquisser, à grands traits, la captivité de Louis ; entrons maintenant dans quelques détails sur les belles vertus qui s'épanouissent au printemps de ses jours ; commençons par son zèle pour la prière, cette délicieuse occupation d'un cœur chrétien.

Le cœur ne peut être vide : aussi Louis l'ouvrait-il à son Dieu pour qu'il le remplît, à proportion qu'il le fermait aux créatures. Éclairé des lumières de l'Esprit-Saint, il apprit à tenir son âme sans cesse unie au Seigneur dans les douces étreintes de sa ferveur. Afin de jouir sans interruption des saintes faveurs de Jésus-Christ, son bien-aimé, il se livrait presque continuellement aux exercices de la piété, offrait à Dieu des prières, tant privées que publiques. Quoique laïque, il récitait journellement, selon l'usage de la sainte Église Romaine, tout l'office divin du jour et de la nuit ; ce tribut de louanges, il le payait au Seigneur avec un zèle que rien ne pouvait égaler. Voyait-il quelqu'un prier avec une irrespectueuse précipitation, ou troubler, de quelque façon que ce fût, un pieux exercice, il lui adressait de sévères réprimandes ; il récitait les Psaumes avec une attention aussi profonde et une dévotion aussi vive que s'il eût contemplé Dieu présent sous ses yeux. Son exemple excitait la nonchalence des uns, réchauffait la tiédeur des autres, et communiquait à tous le feu divin dont son cœur était embrasé ; le calme de son esprit, la paix de son âme respiraient dans la placidité de son visage et la sérénité de son front.

Où est le cœur, là sont les yeux ; c'est un proverbe incontestable ; aussi, lorsque Louis se livrait à la prière, il fixait aussitôt, surtout dans les églises, les yeux sur l'image de Jésus-Christ crucifié, pour que la vue de ce touchant symbole accrût encore dans son cœur les ardeurs du saint amour. Aux heures du bréviaire, il ajoutait, chaque jour, les sept Psaumes de la pénitence avec les litanies des Saints, et plusieurs autres Psaumes que, selon son attrait, il trouvait propres à enflammer sa piété. Chacun de ces beaux cantiques, il avait coutume de les clôre par la pieuse antienne du *Salve Regina,* en l'honneur de la Très-Sainte Vierge ; il est inutile de dire avec quel tendre élan le jeune exilé faisait retentir, dans la vallée des larmes, le cri de son cœur vers la Mère de Miséricorde. Journellement aussi, il récitait l'office de la Passion avec un des Frères Mineurs qui l'accompagnaient sans cesse. Alors il écartait tout le monde et fermait sa porte ; puis, désireux de ressentir en lui-même ce qu'avait éprouvé Jésus, pendant tout le temps qu'il récitait ces attendrissantes prières, il restait debout et immobile, les bras étendus en forme de croix. Après complies, il disait encore plusieurs oraisons en l'honneur de Marie, pour laquelle il avait une tendre dévotion. Grâces à d'autres prières ajoutées à celles-là, le pieux jeune homme ne cessait d'offrir à Dieu le sacrifice de ses lèvres et le tribut de ses louanges. Louis avait pour le nom de Jésus une vénération si affectueuse et si tendre qu'il ne pouvait l'entendre prononcer sans tressaillir d'un délicieux transport ; il inclinait respectueusement la tête, baisait la terre et rendait à ce nom adorable tous les honneurs qui lui sont dûs.

Le soir, lorsqu'on l'appelait à souper, il prolongeait ses prières au point de fatiguer ses amis les plus intimes. Jamais il ne consentit à se mettre à table avant d'avoir savouré, dans la prière, la suavité de la nourriture céleste. Assidu à la lecture des saintes lettres, avide d'entendre la divine parole, il assaisonnait les mets de sa table par la lecture de l'Écriture-Sainte, puisait, par tout moyen, aux sources du Sauveur, les eaux de la grâce pour en arroser abondamment la terre de son cœur et les répandre à la gloire de son Dieu, au moment de la prière. A l'oraison, on voyait qu'il avait reçu de Dieu l'esprit de prière ; à la lecture, qu'il possédait l'amour de la loi du Seigneur. C'est pourquoi voici quelle était la perpétuelle alternative de ses exercices : l'oraison succédait à la lecture et la lecture succédait à l'oraison ; dans l'une, il parlait à Dieu, et Dieu lui parlait dans l'autre. Il regardait comme perdu tout le temps qu'il n'avait point employé, soit à l'oraison, soit à la méditation des saints oracles, et le temps, il en était scrupuleusement économe. Malgré une si parfaite piété, plein d'une humble défiance de lui-même, il implorait instamment auprès des autres, selon l'usage des amis de Dieu, le secours de leurs prières, persuadé qu'il était tout à la fois incapable et indigne de bien prier le Seigneur.

Enfin, abandonnait-il au repos ses membres fatigués, semblable au prophète royal, chaque nuit il arrosait son lit de ses larmes, convaincu qu'il vaut mieux se purifier dans les eaux de la pénitence que d'expier ses souillures dans les flammes du purgatoire. Même au milieu de la nuit, il ne se dispensait pas de vaquer à de longues prières. D'après le témoignage de ses frères Robert et Raymond, aussi bien que des nobles seigneurs qui couchaient avec lui dans sa chambre, Louis, quoique bien jeune encore, se levait aussitôt que les domestiques s'étaient retirés, et les yeux baignés de larmes, il poursuivait jusqu'à minuit ses ferventes oraisons. Les guides de sa conscience le réprimandèrent plus d'une fois, au sujet de ces longues veilles, que ne comportait point la délicatesse de son tempérament.

Une nuit, selon son habitude, Louis s'était levé pour se livrer à ses pieux exercices; suivant l'usage des grandes maisons, une lumière éclairait sa chambre; les deux princes, Robert et Raymond, n'avaient pas encore fermé la paupière, quoique tout le monde dormît autour d'eux. Tout d'un coup un énorme chat noir, semblable à un chien, s'élance sur Louis, et lui livre de rudes assauts. C'était l'ennemi du genre humain qui, furieux de voir une si merveilleuse piété dans un enfant, s'efforçait, par ses insultes, de traverser cette sublime passion pour la prière; à la faveur des ombres de la nuit, il avait revêtu une forme affreuse, afin de jeter sur cette jeune âme le dégoût et l'épouvante. Mais, comptant sur l'appui du Seigneur, l'intrépide enfant se munit du signe de la croix, et aussitôt la vertu de l'étendard du Dieu rédempteur bannit la crainte de son cœur et terrasse l'esprit du mal. L'ennemi revint plusieurs fois à la charge, et toujours fort de la puissance de Dieu même, Louis, recourant à son arme favorite, triomphe du prince des ténèbres. (Durant une grande maladie, saint

Stanislas Kostka eut à essuyer des assauts presque tout-à-fait semblables. Le jour qu'on l'avait laissé tout seul, l'esprit malin lui apparut sous la forme d'un mâtin horrible, et se jeta trois fois sur lui pour l'étrangler ; mais le saint enfant eut recours à notre Seigneur, et faisant le signe de la croix avec beaucoup de foi et de confiance, il chassa le démon.) Mais, à la vue du monstre se jetant plein de furie sur leur bien-aimé frère, les deux jeunes princes, Robert et Raymond, avaient poussé le cri d'alarme. Après la disparition de l'ennemi, Louis interrompit sa prière, s'approcha de leur lit et leur fit jurer de ne jamais révéler, tant qu'il vivrait, ce dont ils venaient d'être les témoins. Ils gardèrent fidèlement leur parole, et ce ne fut qu'après la mort de Louis, qu'ils racontèrent à plusieurs personnes cette scène étrange, qui nous est rapportée par Barthélemy de Pise.

C'est surtout à l'égard du plus auguste de nos saints mystères qu'on voyait éclater la piété de Louis. Il avait contracté l'heureuse habitude d'assister, tous les jours, à la sainte Messe ; mais jamais il n'eut voulu y prendre part sans s'y être soigneusement préparé par la confession de ses fautes, particulièrement lorsqu'il devait recevoir la sainte Eucharistie ; alors, pour se nourrir de la chair de l'Agneau sans tâche avec ce cœur exempt de souillures, il tenait à se purifier dans le bain salutaire de la pénitence ; or, il avait coutume de communier aux principales fêtes avec un saisissement si religieux, avec de si pieux transports, que ce spectacle seul allumait dans les âmes les plus vives ardeurs.

Fidèle ami de Jésus-Christ, Louis portait respectueusement sur lui une parcelle de la vraie croix avec des reliques de plusieurs saints. Depuis la prédication de la guerre sainte par le pape Urbain II, au concile de Clermont, lorsqu'on s'engageait dans quelques expéditions d'outre-mer, soit pour reconquérir les lieux saints, soit pour opposer une digue aux envahissements des ennemis du nom chrétien, il était reçu de porter la croix à l'épaule droite ; Louis suivit cet usage et la porta ouvertement sur ses habits jusqu'à ce qu'il fût enrôlé sous la bannière de saint François.

Quelle gloire pour Dieu, quels avantages pour Louis dans cette ravissante piété ! Chez lui, selon la pensée d'un pieux et savant auteur, la grâce est un instrument divin, dont les trois cordes : la foi, l'espérance et la charité, mues par les doigts savants de l'Esprit-Saint, produisent ces vibrations sublimes qu'on appelle la prière, et c'est ainsi que s'entonne l'hymne qui réjouit le ciel. La piété approche Louis du soleil des intelligences, et alors son front, comme celui de Moïse, rayonne de splendeurs. La piété attire sur lui les regards de

Dieu, et ces regards qui ont converti saint Pierre après sa chute, éclairent, échauffent, transfigurent son âme..... La piété, par ses aspirations brûlantes, appelle la grâce en son sein, et lui fait puiser aux sources du Sauveur, les eaux mystérieuses qui fécondent et font grandir les vertus chrétiennes; enfin, la piété le plonge, pour ainsi dire, dans l'océan de la vie divine, et alors cette vie circule dans ses veines, inonde son cœur et l'enivre des richesses de la maison de Dieu; puis, se débordant, pour ainsi dire des flots de dévotion, d'amour et de zèle, elle produit ces trésors de mérites qui doivent composer sa radieuse couronne dans les cieux.

Exercez-vous donc à la piété, car les exercices corporels servent à peu de choses, mais la piété est utile à tout; c'est elle qui a la promesse de la vie présente et de la vie future; vérité certaine et digne d'être reçue avec une entière soumission. (I Tim. 4, 7, 8, 9.)

CHAPITRE QUATRIÈME.

Charité de Louis au sein de la captivité. — Réception des pauvres le Jeudi-Saint. — Tendresse pour les lépreux. — La lèpre au moyen-âge. — Soins maternels de l'Église. — L'ordre de Saint-Lazare. — Zèle héroïque des Saints pour le soulagement des infortunés lépreux. — Il embrasse un misérable couvert de lèpre. — La charité glorifiée.

Louis avait montré, dès son enfance, un cœur sensible et bon envers les pauvres : les rigueurs de la captivité ne purent ni éteindre, ni ralentir sa charité naissante ; au contraire, le rude apprentissage de la souffrance lui apprit à compâtir aux souffrances des autres, et ceux qu'il n'avait point oubliés au sein des délices, lui devinrent plus chers encore parmi les tribulations. Pouvait-il en être autrement ? La charité divine et la charité fraternelle sont sœurs, ou plutôt c'est un même amour embrassant deux objets à la fois : Dieu et les hommes, ses enfants bien-aimés. Comment aurait-il en soi l'amour de Dieu, dit l'Apôtre de la charité, celui qui ferme son cœur et ses entrailles à son frère qui est dans la détresse ? Louis ouvrit donc largement son cœur et ses mains aux pauvres pendant sa captivité, versant à flots sur l'indigence et sur la douleur les consolations qu'il était en état de leur procurer par les ressources mises ordinairement à la disposition des enfants des rois. Quelques traits vont nous révéler l'étendue et l'héroïsme de son admirable charité : Le Jeudi-Saint, jour de la cène de Notre Seigneur Jésus-Christ, il invitait vingt-cinq pauvres mendiants qu'il se plaisait à environner des soins les plus touchants ; il leur versait de l'eau pour laver leurs mains et les servait en personne, leur apportant nourriture et boisson. S'en trouvait-il qui, à raison de leurs infirmités, ne pussent manger avec leurs mains, Louis portait sa tendresse jusqu'à mettre lui-même leur nourriture à la bouche, comme fait une mère pour son petit enfant. Il finissait par leur laver et leur essuyer les pieds, à l'exemple de Jésus-Christ.

Les lépreux étaient les objets privilégiés de la religieuse commisération de ce jeune héros de la charité. Comme il avait toute la ville de Barcelone pour prison, il se plaisait à les visiter en personne. Les plus humbles offices ne le rebutaient pas; avec ses belles mains blanches comme l'ivoire, il lavait leurs membres hideux, touchait leurs ulcères, en faisait sortir le pus et les couvrait de pieux baisers.

Cette prodigieuse charité de Louis pour tout ce qu'il y a de plus rebutant et de plus affreux aux yeux de la nature, ne serait peut-être pas suffisamment comprise, si nous n'entrions dans quelques explications à ce sujet. Dans les onzième, douzième et treizième siècles, la lèpre étendit ses ravages dans une grande partie du monde. Non moins contagieux que la peste, ce mal redoutable envahissait rapidement toutes les parties du corps, qu'il desséchait et réduisait à l'état de cadavre vivant. L'horreur qu'il inspirait fermait d'abord les cœurs à la compassion; bannis du sein de la société, condamnés à errer dans les campagnes, les lépreux devaient, aussitôt qu'ils apercevaient quelqu'un, leur donner le signal de la fuite. Ajoutés à la rigueur des souffrances, cette répulsion ignominieuse, cet abandon cruel mirent le comble au désespoir des infortunées victimes. Heureusement il n'est point de douleurs au-dessus des remèdes que le ciel a réservés à l'humanité souffrante. C'est alors, en effet, que la religion, fille de Dieu et de la charité, se sentit émue de compassion et d'amour sur le sort de ses malheureux enfants. Les évêques, les conciles, les souverains-pontifes s'en occupèrent avec une tendre sollicitude. Prudente et maternelle tout à la fois, la charité de l'Église sut d'une main écarter le péril de la contagion, tandis que de l'autre, elle versait la consolation dans le sein du malheur: Émile Chavon de Milan, dans son histoire de saint François-d'Assise, nous rend l'allocution suivante tirée du rituel de Reims, publié en 1585: « Mon frère, cher pauvre du bon Dieu, disait l'Église à celui qu'elle sequestrait de la société, pour avoir à souffrir mault, tristesse, tribulation, maladie, mesclerie (lèpre) et autres adversités du monde, on parvient au royaume du paradis, où il n'y a nulle maladie, nulle adversité, mais sont tous purs et nets..... plus resplendissants que le soleil, où que vous irez, si Dieu plaît, mais que vous soyez bon chrétien et que vous portiez patiemment cette adversité, Dieu vous en donne grâce! Car, mon frère, telle séparation n'est que corporelle; quand à l'esprit, qui est le principal, vous toujours autant que vous fûtes oncques et aurez part et portion à toutes les prières de notre sainte mère l'Église, comme si personnellement étiez toujours assistant au service divin avec les autres, et quand à vos petites nécessités, les gens de bien y pourvoiront, et Dieu ne vous délaissera point. Seulement prenez garde, et ayez patience. Dieu demeure avec vous. *Amen.* »

Après cette consolante allocution, le prêtre prononçait les défenses légales, ensuite, prenant de la terre du cimetière, il la répandait sur la tête du malade, en lui disant : meurs au monde, renais à Dieu ; alors, il lui donnait tous les objets qui devaient composer son modeste mobilier, en lui recommandant l'usage auquel ils étaient destinés. Ainsi les pauvres malades du bon Dieu étaient séparés de la société.

Heureux s'ils possédaient la vertu et la résignation; car alors ils étaient dans tout le pays considérés comme des personnages très-élevés dans l'ordre moral. La religion alla plus loin. Elle persuada à de fervents chrétiens, à de jeunes seigneurs à affronter les périls de la contagion en servant les lépreux. Ces héros, tels que le paganisme et l'hérésie n'en formèrent et n'en formeront jamais, furent les chevaliers de Saint-Lazare. Mais admirons jusqu'où la religion poussa la sollicitude pour ces pauvres malades! Dans la crainte qu'on n'eût pas pour ces malheureux dont la vue était si rebutante et l'approche si dangereuse, toute la tendresse, toute l'attention, tous les soins possibles, elle inspira une chose vraiment incroyable. Le grand maître de l'ordre de Saint-Lazare, établi pour le soulagement et la guérison de la lèpre, devait être un lépreux. C'était afin qu'ayant éprouvé ou éprouvant lui-même toutes les douleurs de cette triste maladie, il eut pour ses compagnons d'infortune une plus grande compassion, et les fit servir avec plus de soin, de zèle et de tendresse. La religion peut-elle être plus ingénieuse et la charité des chevaliers pouvait-elle entrer plus avant dans les misères humaines!

La conduite de l'Église, le dévouement de tout un ordre religieux agirent puissamment sur les pensées et les actions des peuples du moyen-âge, au point qu'on appelait alors les lépreux les pauvres du bon Dieu. Ces naïves et tendres expressions révèlent leurs charitables dispositions à l'égard des pauvres lépreux ! Est-ce ainsi qu'en agissait nos socialistes, nos libres-penseurs ? On le voit à leurs actes.

Mais c'est particulièrement dans le cœur des saints que la charité divine aime à fixer son séjour ; aussi à peine si l'on rencontre un de ces héros du christianisme qui ne soit distingué par sa compassion et ses bons offices envers les lépreux. Consoler leurs afflictions, baiser et laver leurs plaies, boire quelquefois l'eau qui avait servi à cet effet, embrasser ces malheureux avec tendresse, leur prodiguer toutes sortes de soins, les guérir instantanément, etc., étaient choses assez ordinaires à cette époque de foi et de charité incomparable. Les Bollandistes en rapportent d'innombrables exemples.

Quelques traits puisés dans la famille même de notre jeune saint, feront mieux ressortir cette vérité. En effet, sans parler de saint Martin et de sainte Odile, de saint François-d'Assise et de sainte Claire, de saint Edmond de Cantorbéry et de sainte Judith de Pologne, de saint François-Xavier et de sainte Jeanne de Chantal, qui se plaisaient à rendre aux lépreux les plus humbles services, ne voyons-nous pas le bon roi Robert visiter presque sans cesse les hôpitaux des lépreux, saint Louis baiser leurs plaies et les traiter avec une amitié toute fraternelle? Sainte Élisabeth, tante maternelle de saint Louis de Toulouse, abordait les lépreux aussitôt qu'elle les apercevait, s'asseyait à leurs côtés, leur tenait des discours consolants, et ne les quittait qu'après leur avoir distribué des aumônes abondantes. Un jour, elle rencontra un de ces infortunés dont la tête était rongée par d'affreux ulcères; elle l'attire à l'écart, pose sa tête sur ses genoux, lui coupe les cheveux et panse ses plaies; surprise par les dames d'honneur dans cette étrange occupation, elle sourit sans rien dire. Un jour de Jeudi-Saint, on la vit rassembler une grande quantité de lépreux, leur laver les pieds et les mains, puis, se prosternant devant eux, baiser humblement leurs plaies et leurs ulcères. Une autre fois, un petit lépreux, nommé Hélias, abandonné de tous, excite vivement sa commisération; elle le baigne, elle l'oint d'un parfum salutaire et le couche dans le lit de son mari. Sur ces entrefaites, l'époux de la bonne sainte Élisabeth arrive; irrité d'abord par les plaintes de sa mère, il enlève brusquement la couverture du lit, ô prodige! au même moment, le Tout-Puissant lui ouvre les yeux de l'âme, et, au lieu d'un lépreux, il voit la figure de Jésus-Christ crucifié!..... Ému de soupir et d'amour, il verse d'abondantes larmes et encourage sa pieuse épouse dans l'exercice de ses héroïques vertus.

Écoutons Rohcbacher, d'après M. de Montalembert, quels étaient les motifs qui inspiraient de pareilles œuvres de miséricorde? Car, il n'est pas de faits sans cause ; nous allons en toucher quelques-unes. La lèpre était une immense infortune, c'était l'image du péché. La souffrance aux yeux de tous les saints, celle de la lèpre en particulier, était un don de Dieu. Les lépreux étaient l'image du péché, et par suite, de Jésus-Christ, blessé, meurtri, couvert de lèpre et devenu extérieurement péché par amour pour les hommes, etc., etc. Toutes ces considérations mystiques, inspirées par la foi et fondées sur les idées de l'époque, étaient merveilleusement propres à enflammer la charité chrétienne. Rohcbacher semble résumer, en quelques mots, les divers sentiments qu'inspirait à la foi et à la nature l'état des lépreux. Le caractère spécial et mystérieux de leur infortune, dit-il, le rendit pendant tout le moyen-âge l'objet d'une sollicitude mêlée d'affection et de frayeur.

Saint Louis de Toulouse ne resta pas au-dessous de ces nobles exemples domestiques dont nous venons de parler ; c'était aux fêtes de Pâques, temps auquel il était accordé quelques libertés aux chers pauvres de Dieu. Le jour de la cène de Notre Seigneur, Louis fit venir à son hôtel tous les lépreux de Barcelone, afin de leur laver les pieds et de les servir à manger, en souvenir du Sauveur, dont l'aspect, pendant ces jours de douleur, avait paru comme celui d'un lépreux, d'un homme frappé de Dieu et humilié. Tous les malades de Dieu se rendirent à l'invitation du charitable prince; mais, parmi eux, il s'en trouvait un dont la taille était si colossale et si horrible, qu'à sa vue, les deux frères de Louis, Robert et Raymond, furent saisis d'une extrême frayeur; le saint jeune homme l'aborda, le lava avec un soin plus religieux que tous les autres et le servit à table avec un zèle affectueux, lui procurant tout ce qui lui était nécessaire. Le lendemain, jour de Vendredi-Saint, saint Louis, en mémoire de la passion du Sauveur, qui avait apparu à la croix comme un lépreux, conçut encore le désir de donner l'hospitalité à celui de la veille, il le fit soigneusement chercher dans toute la ville, sans qu'on pût le rencontrer nulle part. Interrogés à ce sujet, les autres lépreux répondirent qu'ils n'avaient jamais vu personne de semblable parmi eux; d'où il faut croire pieusement, dit l'historien Barthélemy de Pise, qui rapporte le prodige, que Notre Seigneur Jésus-Christ ou l'un de ses anges s'était présenté au jeune homme, sous la forme d'un horrible lépreux, pour éprouver l'humble dévouement de sa charité.

Une autre année, Louis profitant de la liberté qui lui était accordée, allait visiter l'église des Templiers, à quelques pas de la forteresse. Tout-à-coup il rencontre un misérable, couvert d'une lèpre hideuse ; il l'eut embrassé publiquement, s'il n'eut craint d'offenser son frère Robert, depuis roi de Sicile. Mais le lendemain, c'était le Vendredi-Saint, le souvenir de son bon Sauveur, meurtri de plaies pour notre amour, ne lui permettant plus de s'arrêter à ces ménagements timides, il appelle le lépreux, dépose son manteau, et dans le transport d'une indicible charité, le serre contre son cœur, le couvre de tendres baisers. A ce spectacle, Robert demeure immobile de stupeur ; bientôt électrisé par un tel spectacle, lui aussi le serre dans ses bras, il baise avec amour celui qui n'avait d'abord été pour lui qu'un objet d'horreur !

La miséricorde corporelle n'est que le prélude, et pour ainsi dire, l'apprentissage d'une autre plus relevée, je veux parler de la miséricorde spirituelle. Sous ce rapport, Louis avait entr'autres choses, une grande horreur de la langue sanguinaire qui distille le poison de la détraction contre ses frères. Salomon dit : *La vipère qui mord sans bruit est la trop fidèle image de celui qui médit en secret.* Rien de plus pernicieux, rien de plus destructeur de toute bonne amitié que d'écouter, de suivre imprudemment les discours du détracteur, c'est la source d'interminables dissensions et des haines injustes. Or, Louis bannissait toute aigreur ; il engageait tout le monde à la charité, source de tout bien, et à la concorde dont il donnait le premier l'exemple ; si les autres étaient les boute-feux de la dissension, il était l'ange de la réconciliation ; il renonçait aux sentiments d'inimitié avec une générosité sans égale et pardonnait leurs injures à ceux qui l'avaient offensé.

Craignait-il de leur avoir manqué le premier, il s'empressait de les adoucir par les témoignages d'une humble bienveillance, et même, par le baiser de paix. Jaloux de pratiquer dans toute sa perfection la charité chrétienne, il pardonnait aux coupables du fond de son cœur, et souvent, on le voyait tomber aux genoux de ceux qui l'avaient outragé. Il se montrait à leur égard tel qu'il souhaitait que Dieu se montrât envers lui ; car, c'est en vain qu'on cherche à se rendre le Seigneur propice, si l'on néglige de se réconcilier promptement avec son prochain. Ces bons offices envers les malheureux, cette charité envers tous, le ciel les glorifia en faisant éclater en faveur de son jeune héros de signalés prodiges. Les historiens nous en ont conservé une preuve authentique. Un jour, Pierre de Ramas demanda au bienheureux Louis l'aumône pour un pauvre affligé d'une maladie de peau extraordinairement fâcheuse et qui ressemblait fort à la lèpre, Louis lui donna un de ses vêtements ; à peine le malheureux l'eût-il revêtu, qu'il se trouva guéri. Ainsi le doux ministère de la charité procurait au bienheureux prince plus de gloire et de bonheur que le sceptre et l'opulence des rois ; c'est donc bien à lui que doivent s'appliquer les belles paroles d'Isaïe : Rompez les liens de l'iniquité, portez le fardeau de ceux qui sont accablés, donnez des consolations aux affligés, brisez les liens des captifs, partagez votre pain avec celui qui a faim, recevez sous votre toit ceux qui n'ont pas d'asile ; lorsque vous voyez un homme nu, couvrez-le et ne méprisez point la chair dont vous êtes formé. Alors, votre lumière brillera comme l'aurore et je vous rendrai la santé ; votre justice marchera devant vous et vous serez environné de la gloire du Seigneur. Alors vous invoquerez le Seigneur, et il vous exaucera. A votre premier cri, le Seigneur répondra : Me voici ! Oui, si votre cœur s'attendrit à la vue du pauvre, et si vous soulagez l'affligé, votre lumière brillera dans les ténèbres, et les ténèbres seront pour vous comme le soleil. Le Seigneur vous donnera un repos éternel ; il vous environnera de splendeur, il ranimera vos ossements. Vous serez comme un jardin toujours arrosé, comme une source dont les eaux ne tarissent jamais. *(Isaïe, 58 et 6, etc.)* Maintenant, faut-il nous étonner que Louis ait été comblé de grâces et de vertus ? Un des secrets de la sainteté, une des sources de la gloire, a été l'amour et la pratique de la charité chrétienne. L'oracle du Saint-Esprit est formel sur ce point.

CHAPITRE CINQUIÈME.

La vérité et la charité : nécessité de l'étude et du travail. — Maîtres de Louis : Guillaume de Manerie, Ponce Carbonnelly, Jacques d'Euse ou d'Ossa. — Les éléments de la bonne éducation. — Application, compagnie, docilité de Louis. — Tableau des études de Louis. — Progrès miraculeux. — Preuves de sa science extraordinaire.

Le Dieu qui est charité a dit : *Je suis la vérité*. Les disciples de celui en qui sont renfermés tous les trésors de la sagesse et de la science doivent donc unir aux saintes ardeurs de la volonté les pures lumières de l'intelligence; et comment, en effet, aimer de tout notre cœur un Dieu dont notre esprit ne connaît pas les beautés ineffables.

Aussi le vœu du grand apôtre est-il que notre charité croisse, de plus en plus, en lumière et en intelligence, c'est le premier motif qui passionnait pieusement Louis pour la science chrétienne; le second n'était pas moins digne de lui : convaincu que l'oisiveté est la mère de tous les vices, il ne voulait pas, fidèle au conseil de saint Jérôme, que l'esprit du mal le trouvât jamais inoccupé. Sa vie était une perpétuelle alternative de prières, de lectures et de bonnes œuvres : tant il avait à cœur de remplir fructueusement tous ses instants, dans la crainte, dit son vieil historien, que sa main ne venant à s'engourdir, les ronces et les épines ne pullulassent de toutes parts dans le champ de son cœur; un grand capitaine, dit un ancien philosophe, remarque-t-il des signes d'indiscipline parmi ses soldats, il leur inflige des travaux qui domptent leur insubordination naissante. Le désordre n'a point de prise lorsqu'on est occupé, et une activité laborieuse conjure, à merveille, les dangers d'un lâche repos.

Cela posé, Louis comprit sans peine qu'il n'est point de progrès possibles dans la carrière des études, si l'élève n'a de bons maîtres, et les maîtres un bon élève; la science, le dévouement, l'habile direction des uns, la capacité, la docilité, l'application laborieuse de l'autre, sont la double et l'indispensable condition de tout succès.

Les maîtres dont saint Louis s'entoura ne manquèrent d'aucune des qualités désirables. Guillaume de Manerie, auquel, dès l'âge de sept ans, fut confiée son enfance, était un brave chevalier et un homme d'une piété rare. Guillaume accomplissait tout à la fois, auprès du jeune prince, les fonctions de précepteur et de gouverneur. Les Frères Mineurs dont l'humble ferveur de Louis avait fait vœu d'embrasser l'institut lors de la maladie qui le conduisit aux portes du tombeau, étaient de tous les maîtres de l'époque ceux à qui il avait voué, durant sa captivité, une estime, une confiance et une affection toutes spéciales. Le jour, la nuit, il en avait toujours à ses côtés, c'était sa compagnie inséparable, ses surveillants, ses maîtres, ses moniteurs, ses anges visibles enfin. Parmi eux, on remarquait Ponce Carbonelly, dont la sainteté égalait la doctrine ; c'était un catalan. Ce maître si renommé par la science avait composé sur toute la bible de riches commentaires, à l'aide des sentiments des saints pères qu'il avait recueillis dans leurs écrits.

Le conseiller le plus intime de Louis fut Jacques d'Euse ou d'Ossa, célèbre professeur en droit civil ; il devint ensuite prévôt de Barjols, fut élevé à la dignité épiscopale pour le diocèse de Fréjus, puis revêtu de la pourpre cardinalice, et il parvint enfin au souverain pontificat sous le nom de Jean XXII ; c'est celui-là même qui, dans la suite, canonisa Louis, son ancien élève.

Le jeune Saint professait aussi une grande amitié pour les RR. PP. Guillaume de Fulgarie et Richard de Madia-Villa, tous deux de l'ordre des Frères Mineurs, tous les deux docteurs en théologie et professeurs très-distingués. Tels sont, parmi les maîtres du jeune prince, les noms les plus connus.

La science et la sainteté étaient leurs qualités distinctives : c'est que ce sont les deux éléments de toute bonne éducation ; l'une, céleste flambeau, porte la lumière au milieu des ténèbres de notre esprit; l'autre, arôme non moins divin, embaume des suaves parfums de la vertu un cœur qui, sans cela, serait bientôt la proie de l'orgueil, de la corruption et de tous les vices.

C'est un trésor qu'un bon maître, mais il faut répondre à ses soins. Louis était doué d'un beau talent, et, ce qui est peut-être plus précieux encore, d'une gravité de caractère, d'une énergie de volonté qui livraient à sa disposition toute la puissance nécessaire pour cultiver les dons de la nature. Ami de la solitude et du travail, il mettait ses délices à passer de longues heures dans une application recueillie et silencieuse. Il ne sacrifiait rien, ni aux parties de plaisir, ni aux compagnies mondaines, ni aux conversations frivoles qui absorbent, en grande partie, la vie des hommes. Pour échapper aux derniers inconvénients, il fuyait la société des gens au langage futile, afin de ne s'attacher qu'à des religieux connus par leur haute sagesse; il savait que la contagion des mauvaises compagnies porte toujours quelque atteinte à l'âme la plus simple, au cœur le plus candide. « Ces sortes de gens, disait notre bienheureux, ne font que m'entretenir de misérables futilités, de pareils discours sont inutiles. Je suis heureux d'entendre parler des choses de Dieu; de telles leçons sont une école de sagesse; mais je n'aime pas les propos des hommes superficiels. N'en déplaise à un monde contempteur, à la bonne heure la société des personnes pieuses ! Elles respirent la science et la piété, de même que les parfums exhalent l'odeur la plus suave ; elles sont en rapport intime avec Dieu, d'après cet oracle : « Dieu aime à converser avec les âmes simples. » Pour ne point assumer sur lui la responsabilité des fautes qu'ils eussent commises, lui et les autres, dans d'interminables discours, Louis mit un frein à sa langue avec le même zèle que l'on contient un fleuve dans ses digues, de crainte que ses flots, une fois débordés, ne précipitent un noir limon sur les riantes campagnes.

Les rapports de Louis avec des hommes dont la vertu le disputait au savoir, contribuèrent autant à l'instruire qu'à l'édifier. Des religieux, pleins de gravité, d'érudition et de piété, le frappèrent à leur effigie et le firent tel qu'il fut dans la suite. Outre les précieux avantages que nous venons de signaler, Louis sut encore trouver dans la direction une ressource d'un prix incalculable pour la jeunesse ; ce fut de choisir ceux que leur mérite et leur renommée plaçaient au-dessus de tous les autres, pour en faire ses conseillers et ses guides. Loin de s'appuyer sur sa propre sagesse, il en venait difficilement à prendre aucune détermination de lui-même; c'était la prudence des vieillards qui fortifiait sa faiblesse et dirigeait l'inexpérience de sa jeunesse. Recourir aux avis des hommes consommés en expérience, toutes les fois qu'on se trouve dans l'embarras et les perplexités, c'est là une grande gloire, non-seulement pour le jeune âge, mais encore pour tous les âges, quels qu'ils soient. Mais, hélas! qu'il est peu de personnes dans ces dispositions heureuses! La plupart méprisent les conseils et se jettent, tête baissée, dans tous les périls. Chez de tels présomptueux, les chutes sont fréquentes; semblables à des hommes qui nagent dans un fleuve, souvent livrés à la merci des vagues, ils sont emportés, précipités, engloutis au fond des abîmes. Ceux qui soumettent leurs projets à des conseillers habiles, ne ravalent point leur dignité : ils s'environnent, au contraire, d'un éclat nouveau, et ils méritent une considération d'autant plus éclatante qu'ils suivent dans leur conduite les conseils des sages.

Jetons maintenant un coup-d'œil sur la carrière que Louis parcourut dans ses études. Selon l'usage de l'époque, il dût étudier d'abord la grammaire qui, outre l'art de parler et d'écrire correctement, renfermait encore, ce que nous appelons aujourd'hui, les humanités; la logique, qui est l'art de prouver et de raisonner avec justesse, ou si l'on veut, l'art de bien conduire sa raison dans la connaissance des choses, tant pour s'instruire soi-même, que pour instruire les autres ; la physique ou la science de toute la nature visible, dont la portée eût été immense, si, au lieu de les restreindre presque exclusivement à des principes généraux, elle eut exploré les phénomènes, d'après la méthode d'observation ; la métaphysique ou la science des idées générales, renfermant les principes de nos connaissances, les idées abstraites, les êtres spirituels et leurs rapports ; la morale, qui est la science des devoirs ou la règle des actions humaines ; la sacrée théologie, qui a pour objet la science de Dieu, la connaissance raisonnée de la religion et des choses divines. On le voit, il fallait un rare talent pour tenir dans sa main le faisceau de toutes les connaissances de cette époque. La méthode des études spéciales était loin d'être appliquée comme elle l'est aujourd'hui. Les intelligences se restreignaient difficilement à un seul objet, afin de l'embrasser ; d'autre part, comme la société prêtait alors peu de secours à l'individu, chacun était obligé de se suffire à lui-même pour mettre tout à profit. Cette nécessité d'être universel, désespoir des faibles et encouragement des forts, fit la supériorité des grands docteurs du moyen-âge.

Louis partagea cet avantage et fit dans les sciences des progrès qui ne s'expliquent guères, sans un secours particulier de Dieu. La sagesse n'entre pas dans une âme malveillante ; elle n'habite pas dans un corps assujetti au péché. *(Sagesse, 1, 4, 6, 13.)* Mais elle est connue facilement de ceux qui l'aiment, et trouvée par ceux qui la cherchent.

Semblable à Daniel, cet homme de désirs, Louis résolut, dans son cœur, de ne point se souiller par les mets de la table du roi de Babylone et par le vin dont il buvait, afin de transporter son âme dans la sagesse *(Daniel, 9, 73 — 1, 8)*, objet de ses vœux les plus ardents. Dieu, qui est le maître des sciences, lui enseigna, dans un court espace de temps, le bien, la sagesse et la science. Dans l'intervalle des sept années de sa captivité, grâces à ses rapports avec les enfants de saint François d'Assise, qui l'eurent sans cesse à leur école, Louis fit de fortes études, et acquit dans les lettres, tant humaines que sacrées, des connaissances considérables. Malgré la modestie du jeune savant, sa réputation sur ce point se répandit au loin, témoin le pape Célestin qui, parmi les motifs de sa future promotion au siége archiépiscopal et primatial de l'église de Lyon, parlera, en termes formels, de l'éminence de sa science lumineuse. Lorsque Boniface VIII l'élèvera au siége de Toulouse, il n'oubliera pas, dans l'éloge qu'il fera de sa personne, de rappeler son éminente science dans les lettres, comme des titres qui le recommandent le plus à la haute considération des peuples. Enfin, tel fut le rapide avancement de Louis dans les sciences et dans les lettres, telle fut l'étendue de ses connaissances, qu'au rapport de Barthélemy de Pise, elles étaient chez lui moins le résultat d'études purement humaines, que comme le fruit des inspirations divines. Plus d'une fois, il donna des preuves de la solidité de sa science et de la beauté de son génie, en soutenant avec autant de succès que d'habileté des discussions profondes contre les plus savants docteurs. A l'aide des ressources immenses qu'il s'était acquises, il se trouvait tout prêt à parler en public, et plus tard, ses prédications au clergé et aux peuples furent accompagnées des bénédictions les plus rares et des fruits les plus abondants.

CHAPITRE SIXIÈME.

Chasteté de Louis, compagne de ses autres vertus ; modestie des regards : trait remarquable. — Fuite des sociétés et des entretiens dangereux. — Horreur des mauvais discours : loi et punitions curieuses à ce sujet. — Expulsion d'un conseiller pervers.

La chasteté étant la compagne inséparable et la sauvegarde nécessaire des pures lumières de l'intelligence, aussi bien que des saintes affections du cœur, Louis avait joint, aux autres fleurs qui embaumèrent son âme, le lys sans tache de la virginité. Dès-lors qu'il consacrait au Seigneur les plus nobles facultés de son âme, il n'eût garde de réserver au démon des sens, qui n'étaient, après tout, que les humbles organes de ces mêmes facultés : son immolation n'eût pas été complète, elle n'eût point été acceptée du Dieu qui réclame l'holocauste de tout nous-même. Docile aux puissantes inspirations de sa grâce, le pieux jeune homme lui avait donc offert son corps comme une hostie vivante, sainte et agréable à ses yeux.

Persuadé que la mort monte par nos fenêtres et

qu'elle entre ainsi dans la maison de notre âme pour en exterminer les plus heureux germes, Louis avait fait un pacte avec ses yeux, afin de ne pas même regarder une vierge. La pudeur la plus timide, la conscience la plus timorée, la délicatesse la plus extrême ne portèrent jamais aussi loin la modestie des regards. Voici un fait attesté par des Frères Mineurs qui vivaient dans l'intimité de Louis, ainsi que par un des seigneurs qui furent ses compagnons pendant sa captivité à Barcelone, c'est que jamais, il ne se permit un seul regard sur les personnes d'un autre sexe ; je ne cite ici qu'une preuve de mon assertion. Blanche, seconde sœur de Louis, avant son mariage avec Jacques, second fils de Pierre d'Aragon, vint visiter son frère, encore en ôtage à Barcelone. (Quoique la captivité de Louis touchât à son terme, il ne paraît pas qu'il fût, dès-lors, rendu à la liberté, parce que les arrangements entre les deux familles n'étaient pas encore définitivement arrêtés.) Après une si longue séparation, il était bien naturel que Blanche désirât ardemment obtenir un regard de son bien-aimé frère ; mais elle eut beau le conjurer, le supplier de lui accorder cette grâce, inflexible dans son austère résolution, le jeune prince lui répondit avec une vertueuse indignation : Si vous aviez votre bon sens, vous ne me feriez pas une pareille demande.

Louis n'avait aucune familiarité avec les personnes d'un autre sexe ; jamais il n'eut de conversation avec elles, sinon sous les yeux d'un témoin, ou plutôt d'un censeur irréprochable ; il se tenait en garde contre tous ces soupçons, et afin de prévenir les inventions qu'aime à forger la malveillance, il évitait soigneusement tout ce qui pouvait y donner prise. Ces sages précautions montrent que, outre les souillures de la conscience, Louis redoutait aussi les moindres atteintes à la réputation, et c'est une preuve du haut prix qu'il attachait à l'angélique vertu. Les conversations de Louis étaient plutôt celles d'un ange que celles d'un homme. Jamais, disent les heureux témoins de ses vertus, il ne sortit de sa bouche une parole indécente, soit sérieusement, soit par forme de badinage ; tous ses discours respiraient la chasteté, la pudeur ; si pendant sa captivité à Barcelone, les seigneurs du royaume d'Aragon, qui venaient le visiter, se permettaient un langage dissolu, dans le but d'allumer en son cœur des flammes déshonnêtes, transporté d'une sainte indignation, cet ange terrestre les chassait de sa présence, adressant de sévères réprimandes à ses frères, que l'ascendant de sa vertu et le respect de sa personne maintenaient dans le devoir.

Louis s'était interdit à lui-même, et avait interdit à tous ceux qui l'entouraient, toutes les paroles libres. On nous saura bon gré de rapporter, à ce propos, une loi curieuse portée par lui, alors qu'il était enfermé dans la ville de Barcelone : quiconque avait osé proférer des discours inconvenants, respirant le libertinage ou même la légèreté, la bouffonnerie, était condamné à prendre ses repas à une table d'ignominie. Outre ses amis et ses surveillants, il avait assujetti ses frères eux-mêmes à l'humiliante mesure dont il avait juré de n'affranchir personne. Un jour, on jugea qu'il était lui-même en faute, quoiqu'il fût parfaitement innocent, mais c'en fut assez pour qu'il se résignât à subir la peine qu'il avait lui-même portée.

Quand on place ainsi une garde de circonspection à toutes les lèvres, quand on étend autour de soi comme un cordon sanitaire pour en écarter la contagion, on est loin de se porter à des actions coupables, ou même à des privautés dangereuses. Louis était toujours détenu à Barcelone, lorsqu'un jour ses gardes ne rougirent pas de lui donner un conseil infâme; indigné, il repoussa avec horreur ce conseil. « Eh quoi! répondit-il, n'est-ce donc pas assez de retenir mon corps dans une dure captivité? Voulez-vous encore jeter mon âme dans les fers? Cette prison est affreuse, je l'avoue, mais l'opprobre du crime n'est-il pas plus affreux encore? Ah! loin de moi, loin de moi, de profaner jamais pour un plaisir d'un moment, pour une jouissance éphémère, ce corps que j'ai consacré au Seigneur ! Si mes membres sont enchaînés, du moins que mon cœur soit libre ! Me préserve le ciel de précipiter mon corps et mon âme dans l'enfer. » Par ces énergiques paroles, il chassa les conseillers pervers.

CHAPITRE SEPTIÈME.

Mortifications et jeûnes de Louis. — Ses macérations rigoureuses.—Étonnantes mesures du jeune Prince. — Surveillance continuelle, correction commandée : trait frappant. — Prix de la réprimande bien accueillie.

Ceux qui appartiennent à Jésus-Christ crucifient leur chair avec ses passions et ses désirs déréglés. Louis le savait; aussi, voulant être tout à Dieu, il voulut donc châtier son corps et le réduire en servitude, il voulait confier ses vertus à la garde de la mortification, et porter sans cesse dans son corps la mort de Jésus, afin que la vie de Jésus se manifestât aussi dans son corps. De même que les architectes placent pierre sur pierre pour élever des murs et construire des maisons, ainsi le jeune Louis entassait-il, pour ainsi dire, vertus sur vertus, jusqu'à ce qu'il fût arrivé au comble de la sainteté. Mais il est une vertu sans laquelle les autres sont impossibles, c'est la mortification de la chair. Pour vivre à Dieu par la grâce, il faut sans cesse mourir à soi-même, aux convoitises déréglées de nos sens; pénétré de cette pensée, Louis redoubla d'austérités, il fit une guerre implacable à la sensualité et à la délicatesse. Dès ses plus jeunes années, il avait exténué son faible corps, à force de jeûnes, de veilles et de travaux ; dans son adolescence, il lui infligea des rigueurs et des macérations plus terribles encore.

Aux veilles des fêtes de la Sainte Vierge, il jeûnait au pain et à l'eau, et avec une telle austérité, qu'il prenait à peine la nourriture nécessaire ; c'était pour obtenir de la Vierge des vierges, la grâce de conserver la plus aimable des vertus. Aux veilles des autres fêtes, et pendant tout l'Avent, il observait aussi un jeûne rigoureux. Avant d'entrer dans les ordres sacrés, il couvrit sa chair innocente d'un rude cilice, il ceignit ses reins d'une dure corde, remplie de nœuds plus durs encore.

Il ne se couchait jamais autrement qu'habillé ; la nuit, et souvent pendant le jour, sa main ou celle d'un frère qui l'accompagnait, s'armait d'une chaîne de fer, pour infliger à sa chair délicate une discipline sanglante.

Mais les macérations corporelles ne suffisent pas si elles ne sont jointes à la mortification intérieure ; c'est du cœur que viennent les mauvaises pensées, les homicides, les adultères, les fornications, les vols, les faux témoignages, les blasphèmes qui souillent l'homme. *(Math. 15, 19, 20.)* C'est le cœur qu'il faut circoncire. *(Jérom. 4, 4.)* C'est dans l'intérieur de notre âme qu'il faut nous renouveler, en dépouillant le vieil homme selon lequel nous avons vécu, et qui se corrompt suivant l'illusion de ses passions. *(Eph. 4, 22, 23.)*

Pour obtenir ce précieux résultat, Louis fit à ses maîtres dans l'étude des sciences et à ses guides dans les voies de la sagesse, un généreux appel, que les jeunes gens de nos jours auront peine à comprendre. Persuadé, d'une part, que la nature tend sans cesse à s'émanciper, de l'autre, que le cœur animé des intentions les plus pures, est souvent le jouet des illusions décevantes et la victime des aberrations les plus funestes, il voulut que l'œil toujours ouvert des Frères Mineurs exerçât sur sa personne une surveillance de tous les instants, et que leur bouche charitablement hardie, lui adressât sur ses moindres écarts des corrections inexorables.

Ainsi, parlait-il à une personne d'un sexe différent, c'était un de ces bons frères qui était admis comme censeur dans la conversation; c'étaient eux qui contrôlaient ses jeûnes et ses abstinences; eux qui, par son ordre, lui administraient souvent de rigoureuses disciplines; eux qui, au nombre de deux au moins, couchaient toutes les nuits dans sa chambre, afin de sauvegarder sa vertu et de rendre hommage à son inviolable pureté; ce sont eux qui, après sa mort, ont déposé en sa faveur et rendu à son innocence les témoignages les plus flatteurs;

ils étaient, partout et toujours, les anges gardiens de sa vertu, les protecteurs de son innocence, les auxiliaires de ses œuvres saintes. Quel puissant secours ne prêtaient-ils pas à son zèle? Ah! qu'il serait rapide dans le bien le progrès des jeunes gens qui ne se soustrairaient jamais à la vigilance de leurs guides, ou du moins, qui se conduiraient toujours comme étant sous les yeux d'un sage mentor, et révèleraient, de temps en temps, aux juges de leurs pensées, aux directeurs de la conscience, jusqu'aux secrets les plus intimes de leurs cœurs! Malheur à l'homme seul, dit l'oracle de la Sagesse, lorsqu'il tombe; il n'a personne qui le relève. *(Eccles. 4, 10.)* D'ailleurs, celui qui cache ses crimes, ne prospèrera pas. *(Prov. 28, 13.)* Imitons ce Romain qui voulait une maison percée à jour de toutes parts : l'innocence ne craint rien; elle marche la tête haute et le front découvert.

Austère censeur des vices d'autrui, du moins lorsqu'il s'agissait d'écarter le scandale et de réprimer le désordre des gens de sa maison, Louis commençait, avant tout, par se réprimander lui-même. Dans la crainte de ne pas suffire à cette difficile tâche, il la partagea avec les Frères Mineurs qui entouraient sa personne, parce qu'il était jaloux d'extirper radicalement les mauvais germes de son cœur; il ambitionnait moins la délectation de la louange que l'humiliation du blâme; il aimait mieux être réprimandé que flatté, ce qui est rare chez les grands.

Juste appréciateur de cet oracle de la Sagesse : Une réprimande faite ouvertement, vaut mieux qu'un amour caché ; et de cet autre : Reprenez le sage, et il vous aimera, Louis supportait patiemment toutes les corrections justes ou injustes ; que dis-je ? il les aimait. Dans le désir de connaître les fautes qu'il commettait et de s'amender à l'aide des réprimandes, il enjoignit à un frère surveillant, qui avait pour lui la plus tendre amitié, d'observer scrupuleusement toutes ses fautes, et de l'en avertir en toute liberté. Le bon frère obéit, et Louis ne s'en fâcha jamais, pas même lorsque son censeur le reprenait sur les écarts les plus légers. Un jour, ce même frère l'admonesta hardiment, en présence d'une foule de témoins, qui, outrés d'un procédé si impoli, selon le monde, adressèrent à leur tour, une verte réprimande à celui qui avait repris le prince. Louis calma leur mécontentement, et dit avec un accent empreint de la plus touchante bonté : Cela est dans mon intérêt, et je l'ai ordonné ainsi.

Nous devons avertir et réprimander nos amis, et nos amis doivent accueillir amicalement nos corrections ; l'amitié qui use de dissimulation, ne peut être sincère. Fermer l'oreille à la voix de la vérité, au point de ne pouvoir l'entendre, même d'une bouche amie, c'est être dans un état désespéré. Ignorez-vous que des ennemis acerbes rendent souvent de plus grands services que des amis en apparence pleins de douceurs! Les premiers disent toujours la vérité; les seconds ne la disent jamais. C'est le fait de l'adulation de ne nous tenir qu'un langage agréable; c'est le propre de l'amitié de nous dire des choses parfois affligeantes, dans le but de nous éclairer et de nous amender. Souffrez donc patiemment les réprimandes et même les injures; pour marcher dans la vertu, il faut s'élever au-dessus de ces épreuves mortifiantes; la faute doit être le sujet de notre douleur, la correction de notre joie; mais s'irriter des reproches, mais être insensibles aux fautes, jamais!

A l'exemple de Louis, non contents de la vigilance que nous devons exercer sur nous-mêmes, plaçons-nous entièrement sous la surveillance d'un autre. Un ami sincère, dont le sort, momentanément ou pour toujours, se trouve associé à notre existence, dont l'œil pénétrant peut éclairer toutes nos démarches, et la bouche généreuse nous signaler nos erreurs, c'est là le précieux mentor qui vous rendra ce service. Celui qui hait la réprimande, suit les traces des pécheurs.

A la mortification intérieure, n'oublions pas de joindre aussi, comme Louis, la mortification des sens; car, il est écrit: Ceux qui vivent selon la chair, ne peuvent plaire à Dieu. Déclarons donc à la chair une guerre implacable, et faisons mourir les membres de l'homme terrestre qui est en nous, afin de vivre à Dieu seul par la vie de la grâce en Jésus-Christ Notre Seigneur.

CHAPITRE HUITIÈME.

La victime préparée.— Vœu de Louis.— Bref du Pape: Privilége extraordinaire. — Nomination de Louis à l'archevêché de Lyon. — Traité d'Oleron, Louis rendu à la liberté. — Séduisante perspective : Lutte héroïque. — Le jeune Prince veut entrer chez les Frères Mineurs de Montpellier. — Prodigieux détachement de Louis.

Tout était prêt pour l'immolation : la victime était ornée des vertus qui devaient rendre son sacrifice agréable au Seigneur. Déjà nous connaissons le vœu que le jeune prince avait fait dans le fort de Sura. A dater de ce jour, Louis tout entier appartient à Dieu, et l'ordre des Frères Mineurs doit être sa famille adoptive, le tombeau de sa grandeur, selon le monde, et la consommation de son holocauste.

Désireux d'offrir à Dieu les prémices de sa consécration, en revêtant l'habit ecclésiastique, il avait demandé au Saint-Siége l'autorisation de se faire conférer la tonsure et les ordres mineurs par un simple prêtre. Le pape Célestin V lui accorda ce privilége par un bref particulier, conçu en ces termes :

« A notre bien-aimé fils Louis, fils de notre très-cher fils en Jésus-Christ, Charles, l'illustre roi de Sicile. Comme vous désirez de servir Notre Seigneur Jésus-Christ dans l'état ecclésiastique, naguères, sur votre instante prière, nous avons, par d'autres lettres, accordé au frère François, du surnom d'Apta, capucin, de vous conférer la tonsure et les ordres mineurs, en considération de votre détention comme ôtage chez les ennemis de l'Église. »

Ce bref fut donné à Sulmone, la première année du pontificat de Célestin V, le 9 octobre 1294. Selon les critiques, François d'Apta, confesseur de Louis et chapelain du roi Charles II, son père, avait reçu la mission d'initier le prince aux mystères de la politique napolitaine ; il n'était ni évêque, ni abbé, et malgré cela, Rome lui accorda le pouvoir de conférer les ordres mineurs. C'est le seul exemple d'un privilége de ce genre dans l'histoire de l'Église, et en même temps, un éclatant témoignage de la haute estime que le Souverain-Pontife avait conçue pour les vertus de Louis.

Par une bulle datée du même jour et de la même ville, le même pape Célestin V nomma Louis à l'archevêché de Lyon, devenu vacant par la promotion au cardinalat de Béraut de Got, évêque d'Albane. Il conférait au jeune prince l'administration de cet archevêché, tant au spirituel qu'au temporel ; les motifs sur lesquels s'appuie la détermination du Saint-Père méritent d'être mentionnés ici : Il considère, d'une part, l'éclat de la haute naissance de

Louis, l'éminence de sa science lumineuse, la pureté de ses mœurs, la richesse des dons et des vertus dont brillait le jeune prince; de l'autre, l'état d'abaissement et les douloureux gémissements de la grande Église de Lyon, aux droits et aux priviléges de laquelle l'injuste persécution de ses puissants voisins portait atteinte. Il espère qu'avec la grâce de Dieu, Louis sera l'instrument providentiel dont le ciel se servira pour réparer ses pertes et faire reprendre à cette Église les accroissements désirés.

Après Célestin V, Boniface VIII, qui lui succéda, ne donna aucune suite à la bulle de son prédécesseur; Louis s'en consola sans peine; le P. Raynald et Godescart pensent qu'il contribua plus que personne à faire échouer sa nomination. Lorsqu'à la fleur de l'âge, on brûle de s'ensevelir dans un cloître et d'y ensevelir avec soi les espérances du plus brillant avenir, on ne se préoccupe guères des dignités que pour les conjurer comme de sinistres orages.

Cette lutte n'était rien en comparaison de celle que lui préparaient l'autorité et la tendresse de son père. Mais avant d'aborder cette glorieuse circonstance de la vie de Louis, il nous faut parler de sa mise en liberté. Comme déjà nous l'avons vu, la conférence d'Oléron, présidée par Édouard, roi d'Angleterre, et par Alphonse, roi d'Aragon, assisté de deux cardinaux et de cinq commissaires du prince de Salernes, qui se trouvait alors entre les mains de ses ennemis, avait ouvert à ce dernier les portes de sa prison, à l'effet de préparer une paix solide. Ses trois fils aînés, après Charles Martel, donnés en ôtage avec cinquante gentilshommes et cinquante marcs d'argent, l'obligation de procurer, dans l'espace de trois ans, la paix aux provinces aragonaises avec l'Église et les rois Capétiens, ou de venir reprendre ses fers, telles étaient les conditions de cette liberté provisoire et de cette trève préparatoire à une paix définitive. Charles, ayant pris connaissance du traité d'Oléron, avait modifié quelques articles, puis accepté, ratifié, juré l'observation de tous les autres. Sorti de prison, en 1288, il prit publiquement le titre de roi de Sicile, que lui conféra le pape Nicolas IV, en le couronnant solennellement le saint jour de la Pentecôte de 1289. En sa qualité de suzerain et de juge suprême des cas de conscience, le Souverain-Pontife cassa le traité d'Oléron, comme imposé par la crainte, extorqué par la force, et contraire aux bonnes mœurs, puis il excommunia Alphonse et Jacques, détenteurs de la Sicile. Six ans se passèrent dans une alternative de guerres, de trèves, et de différends continuels. Las d'un état de choses qui ne laissait ni paix à ses sujets, ni repos à sa personne, Jacques d'Aragon consentit enfin à un traité, dont les principales clauses était la réconciliation de la maison d'Aragon avec l'Église, par l'intermédiaire de Charles II, la restitution de ses trois fils, avec les autres ôtages, et des mariages dont le but était de cimenter la paix par des liens de famille. Ces conditions ayant été approuvées par le roi de France et confirmées par le pape, Louis quitta Barcelone avec ses deux autres frères, et tous ses compagnons d'infortune. Il était alors, selon Wadding, âgé de 24 ans, et en avait passé sept en captivité; c'était en 1295.

Tout souriait à Louis, lors de sa rentrée dans le monde; les douceurs de la liberté succédaient aux ennuis de sa prison; la main de la princesse de Majorque, sœur du roi Jacques, qui venait d'épouser Blanche, la seconde des filles de Charles II, lui offrait une royale alliance; la perspective du trône de Naples, dont il se trouva l'héritier présomptif, tant par la mort de son frère aîné, Charles Martel, roi de Hongrie, en qualité d'héritier légitime de Marie de Hongrie, sa mère, que par l'avènement de Charobert, son fils et son successeur à la même couronne, faisait briller à ses yeux une de ces espérances qui enivrent ordinairement le cœur des mortels. Jaloux de conserver à sa famille un fils si capable d'en être l'appui et la gloire, Charles alla jusqu'à lui promettre la cession immédiate de son trône, s'il voulait prendre une épouse. Mais, insensible à toutes ces flatteuses amorces, Louis semblait répondre : Je suis crucifié avec Jésus-Christ, le Christ est ma vie, la mort est un gain. Le plus ardent des vœux du jeune prince était de rompre avec le siècle, afin que, admis à l'héritage du Seigneur, il pût s'occuper de Dieu seul.

Le cœur tout pénétré de ces pensées, Louis quitta la Catalogne pour revenir à la cour du roi, son père ; cette cour était loin de lui sourire. Aussi, avant d'y arriver, alors qu'il traversait avec son père le midi de la France, il se présenta au père ministre de l'ordre de Saint-François, à Montpellier, et le supplia de le recevoir comme novice dans sa maison. Mais, quoique cet ordre, dit Baillet, fût déjà tout accoutumé à recevoir des rois et des fils de rois, ce sage religieux fit quelque difficulté d'admettre Louis, parce qu'il craignait la colère du roi, son père, et le grand éclat que ferait un changement si soudain. Réduit à l'impossibilité de mieux faire, le jeune prince, voulant faciliter son admission, en assumant sur lui une responsabilité redoutée de ces bons religieux, renouvela ouvertement et hautement, en présence d'une foule de témoins, le vœu par lequel il s'était engagé, au temps de sa captivité, à se consacrer à Dieu, dans l'ordre des Frères Mineurs.

Cette démarche était trop éclatante pour qu'elle pût longtemps échapper au roi, son père. Mais l'eût-il complètement ignorée, un fait de la plus éloquente signification lui aurait appris combien Louis était mort au monde et à lui-même. Il poursuivait sa route en Italie, lorsqu'à Florence il rencontra sa mère, Marie de Hongrie; c'était avant la mort de Charles Martel, son frère aîné. Outre ce prince, celle-ci avait avec elle un nombreux et magnifique cortége; elle venait accompagnée du marquis de Montferrat, à la rencontre du roi et de ses trois fils, depuis si longtemps détenus en ôtage. Qu'on juge si la joie devait être vive, de part et d'autre ! Dans l'excès de sa maternelle allégresse, la reine se précipite dans les bras de ses enfants, impatiente de les serrer contre son cœur, de les couvrir de ses baisers et de ses larmes. Plein d'une pudique réserve, le jeune Louis détourna son visage du visage de sa mère, et ne lui permit point de satisfaire sa tendresse. Marie lui rappelle qu'elle est sa mère; elle lui représente qu'un chaste et maternel baiser ne peut offenser Dieu; mais le pieux jeune homme, baissant modestement la tête, lui répond : Je le sais, vous êtes ma mère; mais je n'ignore pas, non plus, que vous êtes une femme, avec laquelle il n'est pas permis à un serviteur de Dieu de prendre une pareille liberté.

Sans doute, c'est là pousser la réserve jusqu'aux dernières limites. Mais, qui n'admirera le motif qui dicte à Louis cette étonnante, cette inexprimable retenue? Il ne vit plus que pour Dieu, il est mort au monde, et rien de ce qui flatte les sens ne doit atteindre la sainte victime, dont toute l'ambition est de s'immoler, sans réserve, sur l'autel du Seigneur, dans l'enceinte du cloître.

CHAPITRE NEUVIÈME.

Louis rompt avec le siècle. — Il reçoit la tonsure et les ordres mineurs; il en exerce les fonctions. — Sous-diaconat et nouveaux progrès. — Louis élevé au sacerdoce. — Sa ravissante piété. — Sacrifices nouveaux; sa conduite sacerdotale. — Zèle pour la prédication — Une journée de Louis.

Se consacrer au Seigneur dans l'état ecclésiastique, le plus noble et le plus auguste de tous les états, tel était le premier objet des vœux de Louis. C'était renoncer au monde, mais d'une façon qui répugnait moins au roi son père; car, il y avait là, pour ce dernier, une perspective d'honneurs qui flattait son orgueil. Comme son fils redoublait d'instances, Charles II, redoutant peut-être une détermination plus terrible encore pour son cœur de père, se rendit enfin, quoiqu'il en coûtât à son cœur, quoique les calculs de la politique et les intérêts de la famille, dussent en souffrir cruellement, le roi donna son assentiment à l'inébranlable résolution de son fils.

Il paraît que Louis n'avait point mis à profit le privilége extraordinaire concédé par le pape Célestin V, relativement à la tonsure et aux ordres mineurs, qu'il désirait de recevoir avant la fin de la captivité. Le savant Pinius croit que Louis fut tonsuré à Barcelone, en 1294, se fondant sur le bref du pape Célestin V; d'autres prétendent qu'il le fut à Rome, en 1295, après la captivité, et avant la fête de la Noël. Sur ce point, rien de certain ; si ce n'est qu'arrivé à Rome l'an 1295, il prit, en présence de son père, du roi d'Aragon, et des légats apostoliques, les ordres, qui, depuis si longtemps, faisaient l'objet de ses vœux.

Au milieu de tous les assistants, ravis d'admiration et fondant en larmes, le prince royal, à genoux, et les yeux baignés de pleurs, prononça, du fond de son cœur, ces paroles du saint Roi prophète : « Le Seigneur est la part de mon héri-« tage et de mon calice ; c'est vous, ô mon Dieu, « qui me rendrez mon héritage. » Pour rendre son holocauste plus agréable à Dieu, en présence de cette grave assemblée, il renouvela solennellement le vœu de chasteté perpétuelle, et celui d'embrasser l'ordre des Frères Mineurs.

Heureux de ce premier triomphe, Louis se montra jaloux d'exercer les humbles fonctions des ordres qui venaient de lui être conférés. Dans la ville éternelle, au milieu des pompeuses solennités de Noël, il ne dédaigne pas de se mettre au rang des enfants, et d'accomplir, un cierge à la main, les fonctions d'acolyte; à voir la modestie de sa tenue, la profondeur de son recueillement, l'ardeur de son zèle, on eût cru voir un ange du ciel, servant à l'autel du Seigneur.

A quelle époque Louis reçût-il le sous-diaconat, c'est ce que l'histoire laisse ignorer; pourtant Frémaut pense qu'il le reçut avec les ordres mineurs. Ce qui est certain, c'est que l'histoire ne nous tait pas les vertus qui signalèrent une démarche si importante dans la carrière de l'immolation. A dater de ce moment, le jeune prince ne voulut plus se servir, ni de vases d'or et d'argent, ni de riches fourrures et de tapis ornés de divers paysages; un simple mulet devint sa monture, et une grosse corde ne cessa pas de ceindre ses reins. Pour augmenter encore les rigueurs de ce continuel supplice infligé à sa chair innocente, il la couvrit d'un âpre et rude cilice que, malgré des instances redoublées, il ne quitta plus désormais jusqu'à la mort.

Cependant, le jour d'une plus haute consécration approchait, c'était celle du sacerdoce. Louis quitta la ville de Naples pour se retirer dans la solitune des Frères Mineurs, toujours si chers à son cœur. A la faveur de cette retraite, il apprit, et les lois de la discipline ecclésiastique, et les cérémonies qui concernent l'accomplissement des fonctions sacerdotales. Ainsi, grâce à des maîtres habiles et aux exercices les plus saints, il se prépara dignement à l'ordination du sacerdoce. C'est

à Naples, dans la chapelle du monastère des Frères Mineurs, auquel Charles II, son père, avait, depuis peu, mis la dernière main, qu'il reçut la prêtrise, sans aucune de ces distinctions honorifiques qu'on a coutume de réserver aux grands de la terre; Louis, qui se considérait comme le plus petit et le dernier de tous, s'y était formellement opposé. Le Souverain Pontife avait promis de lui conférer la consécration sacerdotale, s'il voulait se présenter; il s'y refusa, et, par là, son humilité évita un honneur qui lui eut été à charge. Mais, en retour, quelle ravissante piété durant cette auguste cérémonie! Pendant le Saint-Sacrifice, où s'effectuait sa consécration au Seigneur, son cœur devint comme une source intarissable de larmes, à la vue de la haute dignité à laquelle il était élevé. « Ces sublimes
« fonctions, se disait-il en lui-même, s'exécutent
« sur la terre, mais elles ne s'accomplissent, elles
« ne se consomment que dans les cieux. Ce n'est
« pas l'homme, ni l'ange, ni une créature quel-
« conque qui les a établies, c'est l'œuvre de Dieu
« lui-même; c'est Dieu qui, par le ministère de
« l'homme, produit ces créations puissantes, ces
« transformations saintes d'où résultent ce déta-
« chement universel, cette gravité calme, cette
« vie sévère, ce haut ascendant dont s'honore la
« dignité sacerdotale. »

A ce troisième degré d'immolation répondent

dans la vie de Louis des sacrifices nouveaux. A dater du jour qu'il reçut la prêtrise, il marcha humblement vêtu d'un drap noir ou d'un grossier tissu de poils de chameau. Louis fut ordonné avec dispense, à l'âge de vingt-deux ans; mais, si les années lui faisaient défaut, la mâturité de l'esprit et du cœur le caractérisaient; la réunion de toutes les vertus formait sur sa tête une couronne vraiment sacerdotale. Celles qui brillèrent le plus, furent d'abord sa fervente piété envers Dieu et un zèle brûlant pour le salut des âmes.

Chaque jour, après s'être confessé, il célébrait exactement la sainte Messe, sans que, ni les fatigues d'un long voyage, ni l'inconstance des saisons, fissent jamais obstacle. Un jour qu'il témoignait, après une course longue et pénible, le désir d'offrir les saints mystères, on ne lui trouva pour vêtements sacerdotaux que des ornements sales et grossiers; son humble modestie, sa tendre dévotion triomphèrent de la délicatesse; il célébra le Saint-Sacrifice, bien persuadé que ce qui apaise le courroux du ciel, ce qui charme le cœur de Dieu, ce ne sont pas les vêtements extérieurs, mais bien la ferveur et la pureté de l'âme. C'est aussi dans la première année de sa prêtrise qu'il déploya le zèle apostolique dont l'historien anonyme admira les glorieux succès. Redoutant le sort du serviteur que sa méchanceté ou sa paresse ont fait réprouver du Seigneur, parce qu'il avait enfoui en terre le talent qu'il avait reçu et caché l'argent de son maître, Louis, loin d'écouter la faiblesse de sa santé, se montra toujours assidu à la prédication. Il se rappelait, d'ailleurs, cet oracle de la Sagesse : « Celui qui cache le froment, sera maudit du peuple ; celui qui ouvre ses greniers, recevra ses bénédictions. »

Naturellement doué d'une élocution facile et riche des trésors d'une érudition profonde, partout il répandait avec profusion la semence de la parole divine, heureux de faire grandir dans les âmes la connaissance et l'amour du Souverain Maître. Apôtre, au zèle de flamme, il ne craignait pas de prêcher aux chapitres conventuels des Religieux, en présence des évêques, devant le Sacré-Collége, dans les assemblées des princes et des rois. A voir l'élévation de ses pensées, la chaleur de ses mouvements, la magnificence de ses paroles, la véhémence de son action, on eût dit que l'Esprit-Saint, selon la promesse de Jésus-Christ, parlait par sa bouche.

En dehors de ses courses apostoliques, Louis occupait tous ses loisirs. Voici, au rapport de son historien le plus accrédité, le tableau d'une de ses journées sacerdotales. Complètement séquestré du monde, dans un château situé à quelque distance de Naples, Louis menait sur la terre une vie presque céleste. Après avoir célébré les saints mystères, il se livrait sans réserve à la lecture jusqu'au dîner; dans l'après-dîner, il ne s'amusait point, comme le vulgaire, à des conversations futiles; il s'entretenait avec des personnes doctes et pieuses, établissant, discutant des thèses toujours graves et fructueuses. Après cela, il apprenait le chant ecclésiastique, prenait dans quelque cellule un instant de sommeil, et disparaissait totalement aux yeux des hommes, pour se livrer, dans le silence de la retraite, à son zèle pour l'étude. Tantôt il méditait les saintes Écritures, tantôt il lisait dans les saints Pères, les monuments de la tradition. Il avait un goût particulier pour les méditations de saint Bernard, dont il portait toujours à sa poche, dans ses courses à cheval, le livre de la considération au pape Eugène, avec les lettres ou quelques opuscules du même saint; était-il fatigué à force d'études, il passait aux exercices corporels. Alors, quittant la plume et les livres, il s'armait de la bêche ou du hoyau, et cultivait un petit jardin. Cette culture de la terre était pour lui une image de celle qu'il devait à son âme. Louis travaillait sans cesse à quelque chose d'utile, et on le voyait toujours occupé. Ainsi, il trouvait un double aiguillon là où les autres ne rencontrent qu'apathie, je veux parler du loisir et de la solitude; jamais il n'était moins seul et moins oisif que quand il était dans la retraite et qu'il avait du loisir.

CHAPITRE DIXIÈME.

Soupirs de Louis après une complète immolation. — Conseils d'un ami; sublime réponse. — Le jeune Prince s'ouvre au guide de sa conscience; sage réplique de son directeur. — Louis nommé à l'évêché de Toulouse. — Condition de son acceptation. — Louis fait profession solennelle de Frère Mineur. — Il traverse Rome en habit monastique. — Renonciation héroïque.

Cependant, Louis n'était pas encore venu à l'entière immolation de lui-même, et plus que jamais l'ordre des Frères Mineurs était l'objet de son ardente et généreuse affection; cet ordre lui plaisait plus que tout au monde, parce que là, de son propre aveu, il devait être totalement inconnu; là, aux exercices de la vie contemplative, il pourrait unir les plus bas offices de l'humilité, c'est-à-dire balayer les salles, laver les plats et d'autres fonctions semblables. Souvent, après sa délivrance, il se prit à regretter le repos et le bonheur qu'il avait goûtés, au fort de Sura, où jamais il n'avait éprouvé d'ennui, malgré une détention de sept années. C'était la réalisation de ces paroles du Psalmiste : « Je suis avec toi, et dans mes angoisses, vous avez élargi l'espace devant moi. »

Mais, comment accomplir un vœu déjà tant de fois renouvelé, et toujours entravé par d'invincibles obstacles? Au lieu d'en seconder l'exécution, plusieurs amis l'en dissuadaient. Une vie paisible, lui disait l'un d'entr'eux, offre plus de liberté, plus de douceur à nous-même et aux autres, moins de tracas et d'angoisses. Mais combien celle qui se voue à la gestion des affaires et au gouvernement des empires, est plus avantageuse à l'humanité! Combien elle ouvre plus facilement le chemin à l'illustration et à la gloire? Que de calamités sous un prince incapable et débile! Au contraire, si le monarque est intelligent, quelle somme de mérites pour lui, de prospérité pour tous! Ainsi, l'intérêt des peuples demande qu'on lui consacre toutes ses occupations, tous ses soins; mais de l'oubli, il n'en veut point. Le saint jeune homme ne se rendit pas à ces conseils, il avait appris de l'apôtre qu'il ne faut pas courir au hasard, ni faire du mal pour qu'il en arrive du bien. La royauté, comme sa propre sagesse le lui avait fait comprendre, n'était à ses yeux qu'un pompeux esclavage. Le prince, se disait-il, n'est pas moins tenu de servir le peuple, que le peuple de servir le prince ; sur le trône, il faut dissimuler souvent, parfois fermer les yeux, et, avec tout cela, gérer les affaires d'autrui sans offenser personne, ce qui est excessivement difficile.

« Périssent donc pour moi, concluait-il généreu-
« sement, ce trône éphémère et l'univers entier,

« plutôt que de commettre un seul péché contre
« mon Dieu, dont je dois préférer l'amitié et la
« gloire à tout ce qui est de ce monde. Une vie qui
« ne serait peut-être qu'un tissu de fautes et de
« crimes, je la condamne et je l'abhorre. Le palais,
« le royaume de mon père, que tout cela est petit
« en comparaison de ces espaces immenses qui
« s'ouvrent sur nos têtes. Eh bien! c'est là l'héri-
« tage du cœur magnanime qui a su s'élever au-
« dessus de lui-même. Jésus-Christ, voilà mon
« trésor. Qu'il se donne à moi; lui seul me suffit;
« adieu tout le reste; toute richesse, qui n'est pas
« mon Dieu, n'est pour moi que misère. » Doué
d'une telle grandeur d'âme, Louis n'eût-il pas porté
le diadème avec autant de gloire qu'il en avait à le
rejeter.

Il était encore dans les prisons de la Catalogne,
lorsqu'il découvrit les secrets de son cœur au père
de son âme, au religieux qui dirigeait sa conscience.
« J'ai fait, lui dit-il, le vœu de chasteté perpétuelle,
« et j'y ai ajouté celui d'embrasser l'ordre des Frè-
« res Mineurs. Mes engagements envers mon Dieu
« sont irrévocables. Il ne m'est pas permis de les
« violer jamais; il en est qui dénigrent ce saint
« institut, mais c'est cela précisément qui m'anime
« et qui m'enflamme. Je considère, d'ailleurs, que
« je dois m'acquitter de mon vœu, parce qu'un
« pareil engagement est une dette volontaire; il

5.

« faut la payer avec un juste empressement. Le
« délai d'un pieux et saint projet est un danger, et
« souvent une source de ruine. Ainsi, me consa-
« crer au plus tôt à Dieu, telle est la pensée de mon
« cœur. Mais il est une difficulté qui me tient dans
« de cruelles incertitudes : dois-je accomplir ma
« promesse ici au milieu des miens, ou fuir in-
« connu dans une contrée lointaine ? Dans ma pa-
« trie, il ne me sera pas donné de pratiquer
« l'humilité à mon gré ; mes frères, je le crains
« bien, m'environneront d'honneurs excessifs. Voici
« ma résolution : Je me retirerai en Allemagne ou
« dans une province éloignée, et là, grâce à l'obs-
« curité qui protégera mon nom, il me sera permis
« de faire la cuisine, de laver les plats, de balayer
« les chambres et de me livrer à d'autres emplois
« de ce genre. Je le sais, il n'y a rien de plus
« agréable à Dieu que de paraître, par l'effet de
« l'humilité, au plus bas degré de l'échelle sociale,
« lorsque nous sommes au sommet par la nature
« de notre position ou l'ascendant de nos mérites ;
« plus on s'abaisse pour l'amour de Dieu, plus on
« lui est cher. »

Le guide spirituel à qui Louis communiquait
ainsi les projets et les anxiétés de son âme, loua sa
candeur ; « mais, ajouta-t-il, vous cacher de votre
« père, c'est chose impossible. Le général de l'or-
« dre et les provinciaux ont la liste complète de

« tous leurs frères ; à quelque coin que vous de-
« mandiez asile, votre père le saura toujours, pour
« peu qu'il veuille s'en donner la peine. Accomplir
« ouvertement, et, à la face du jour, le vœu que
« que vous avez secrètement conçu au fond de
« votre cœur, c'est donner un modèle à jamais mé-
« morable ; si vous offrez une pareille édification,
« vous, le rejeton d'une famille illustre, il en est
« plus d'un qui se piqueront de marcher sur vos
« traces. Mener une vie sainte dans l'obscurité,
« sans se soucier de l'avancement spirituel de ses
« frères, c'est être un charbon sans clarté ; faire
« briller aux yeux de la multitude la lumière de la
« justice, c'est être un flambeau radieux : de feu
« pour soi, on est de flamme pour les autres.
« L'homme vertueux cherche le bien et non le
« secret. Songez, concluait-il, à la puissance du
« bon exemple ; songez que le souvenir des grands
« hommes n'exerce pas moins d'influence que leur
« présence elle-même. » Le bon père avait fini de
parler.

Louis sollicita, avec instance, le secours de ses
prières, afin que la grâce d'en haut lui manifestât
le parti le plus salutaire. Pour lui, il repassait souvent, dans son cœur, ces paroles du prophète :
faites des vœux au Seigneur, votre Dieu, et acquit-
tez-vous en.

Telles étaient les dispositions de Louis avant son

élévation au sacerdoce, telles et plus ardentes encore elles furent après sa consécration sacerdotale : il aspirait, de toute l'ardeur de son âme, à la pauvreté évangélique, dans l'ordre qui le pratiquait alors avec la perfection la plus accomplie. Sur ces entrefaites, il se rendit à Rome avec Charles II, son père. Or, Hugues Mascaron, évêque de Toulouse, venait de mourir dans cette ville où l'avaient appelé les intérêts de son Église, une des plus illustres de France. Comme Boniface VIII connaissait déjà, depuis longtemps, la piété, la sagesse et la singulière érudition de Louis, il lui conféra l'administration de cette importante église. A ne considérer que les années, il était jeune sans doute ; mais le disciple bien-aimé du grand apôtre, Timothée, n'était-il pas jeune aussi ; saint Rémi avait-il plus de vingt-deux ans, lorsqu'il fut promu au siége épiscopal de Reims ? Lorsque l'élévation du caractère et la gravité des mœurs suppléent au défaut des années, la jeunesse, au lieu d'inspirer le mépris, n'excite-t-elle pas l'estime et l'admiration ; or, telle était celle de saint Louis, si nous en jugeons par l'ensemble de sa vie et par le brillant éloge du pape Boniface VIII, dans la bulle qui le plaça à la tête de l'Église de Toulouse. Outre l'éclat de sa naissance et la gloire de ses aïeux, le Saint-Père exalte ses rares connaissances dans les lettres, l'édifiante pureté de sa vie, la gravité de ses mœurs, l'étonnante mâturité de son esprit et les autres vertus dont le ciel avait enrichi son âme; c'est, parce que, tant de belles qualités et un si rare mérite compensent facilement le défaut d'âge, qu'il lui accorde la dispense voulue, en vertu de son autorité apostolique. Cette bulle, donnée au palais de Latran, porte la date du 27 décembre 1296, seconde année du pontificat de Boniface VIII.

L'humble Louis repoussa, de toutes ses forces, la haute dignité dont l'honorait le chef de l'Église, et si l'autorité du Vicaire de Jésus-Christ parvint à triompher de son opiniâtre résistance, ce ne fut qu'à la condition expresse qu'auparavant il lui serait permis de jurer l'observance de la règle de saint François. Le Souverain Pontife souscrivit au vœu de cette touchante piété, et Louis fit sa profession solennelle entre les mains du R. P. Jean Muron, général de l'ordre. Ce fut au couvent d'*Aracœli*, bâti au sommet du Capitole et appartenant aux Frères Mineurs, qu'eut lieu cette cérémonie. Pour ménager la susceptibilité du roi de Sicile et de toute sa famille, le Souverain Pontife avait autorisé Louis à porter la soutane, habit ordinaire des clercs, par-dessus le vêtement monastique. Le prince usa quelque temps de ce privilége; mais bientôt, cédant à l'inspiration de l'Esprit-Saint et à son amour pour Jésus-Christ, fait pauvre, afin de nous enrichir par sa pauvreté, uniquement jaloux, d'ailleurs, de marcher sur les traces de celui qu'il avait pris pour son modèle en toutes choses, il dépouilla un vêtement qu'il trouvait trop honorable pour lui. A la fête de sainte Agathe, en présence de deux cardinaux, il revêtit une grossière tunique et ceignit ses reins d'une corde noueuse, conformément à la règle de saint François; puis il s'avança au milieu des rues boueuses de Rome, depuis le Capitole jusqu'à la basilique de Saint-Pierre. Il ne rougissait pas de sa pauvreté et de son abjection personnelle, parce qu'il marchait à la suite de Notre Seigneur, qui, par amour pour nous, s'est fait pauvre en ce monde.

Le fier Romain triomphait en montant au Capitole, chargé de riches dépouilles, entouré d'une armée victorieuse et traînant à son char des ennemis vaincus. Louis triomphe aussi, lui, mais c'est en descendant du Capitole, c'est en se dépouillant des honneurs et des biens de la terre, c'est en marchant seul et sans escorte dans les boues de la superbe Rome. Arrivé au comble de ses vœux, le jeune héros renonça solennellement aux espérances de la terre en faveur de son frère Robert, troisième fils de Charles II, le jour même qu'il fit profession religieuse, au couvent d'*Aracœli*. Par la mort de son frère aîné, Charles-Martel, roi de Hongrie, Louis héritait du trône de Naples; il sacrifiait donc tout à la fois, le royaume des Deux-Siciles et de Jérusalem, le comté de Provence et de Forcalquier, méprisant la pompe des rois, pour acheter, au prix d'un royaume périssable, un royaume éternel et plein de délices. Le sacrifice de Louis est absolu, il a tout abandonné pour l'amour de Jésus-Christ; de toutes les richesses de ce monde, il ne se réserve rien; il choisit l'ordre le plus pauvre, celui de saint François, qui n'accorde rien aux frères, ni en propre, ni en commun, ni dans la vieillesse, ni dans la jeunesse, et Louis n'avait pas encore atteint l'âge de vingt-trois ans.

Ne nous contentons pas d'admiration pour ce magnanime renoncement de Louis; mais apprenons, par son exemple, à nous détacher des biens d'ici-bas, à être pauvre par l'esprit et par le cœur, et à nous dépouiller de ces désirs inutiles et pernicieux qui engendrent la cupidité et qui précipitent les hommes dans la mort et dans la damnation; car le désir des richesses est la racine de tous les maux.

CHAPITRE ONZIÈME.

Départ du jeune Prélat pour son diocèse. — Première station à Sienne.— Trait sublime d'humble pauvreté à Florence.— Entrée de Louis à Toulouse.— Enthousiasme des habitants à son aspect. — Une conversion.— Belle réponse de Louis.— Il éclaire la maison de Dieu.

Louis ne s'était incliné qu'à regret sous le redoutable fardeau de l'épiscopat ; mais enfin, il s'y était résigné, vaincu par l'obéissance. Bon et fidèle serviteur, pour avoir été fidèle en peu de choses, il avait été établi sur beaucoup et il avait hâte de faire valoir à la gloire du divin Maître, le talent qu'il avait reçu. Au reste, à un prélat si détaché du monde, il en devait peu coûter de s'arracher aux douceurs de la fortune et aux embrassements de sa famille, pour se rendre au poste que lui avait assigné la divine Providence. Sacré vers la fin de l'année 1296, il résolut, dès le commencement de l'année suivante, de se rendre dans son diocèse, de prendre en main la houlette pastorale et de conduire, en personne, avec toute la sollicitude d'un saint zèle, le troupeau confié à ses soins ; ainsi, il prit congé du Saint-Père, et quitta Rome.

A son arrivée à Sienne, il fut reçu au couvent des Frères Mineurs, qui essayèrent, mais en vain, de rendre de justes hommages à l'éclat de sa naissance, à la sainteté de son caractère et à l'éminence de sa vertu. Louis voulut être, parmi ses frères, comme l'un d'eux et remplir les plus humbles offices ; aussi, après le dîner, s'empressa-t-il de laver, avec les autres, les ustensiles de la cuisine.

De Sienne, il se rendit à Florence, où les habitants le reçurent avec de grands honneurs ; là encore, il choisit pour hôtel le monastère des Frères Mineurs ; les religieux le conduisirent dans une chambre dont les riches décors étaient en harmonie avec la dignité d'un hôte si illustre. Outre d'éclatantes tentures, on y voyait briller, d'une part, un superbe lit doré, de l'autre, les armes de France et de Sicile. A l'aspect de ce luxueux appareil, Louis recula, et dit : Ce n'est point là la cellule d'un Frère Mineur, mais le palais d'un prince du monde. Pour moi, j'ai solennellement renoncé aux pompes du siècle, et je me suis consacré à une pauvreté sans réserve. Si donc vous voulez me recevoir, selon mon état et au gré de mon cœur, je resterai chez vous ; s'il en est autrement, j'irai à la dérobée chercher un logement où l'on ne m'impose pas la nécessité de transgresser une règle à laquelle j'ai voué une fidélité inviolable. Un des principaux pères lui ayant dit qu'il avait extrêmement honoré leur ordre, en voulant y entrer ; ne parlez pas ainsi, mon frère, répliqua-t-il, votre ordre, au contraire, m'a fait beaucoup d'honneur, en me donnant un lit. Les frères n'osèrent pas lutter contre les intentions du pieux prélat; à l'instant, tout fut mis de côté, excepté le lit, et encore Louis refusa-t-il d'y prendre son repos; il étendit son manteau sur le pavé, et en fit sa couche pour toute la nuit. Dans la suite, un pieux souvenir s'attacha à cette chambre, désormais monumentale. Aussitôt que Louis eut été mis au nombre des saints, on y établit une magnifique chapelle, et une statue de bronze, élevée en son honneur, à la porte de l'oratoire, annonça le saint patron auquel elle était dédiée. C'est ainsi que ce lieu, témoin de l'humilité du jeune prélat, devint le théâtre de sa gloire.

Mais jamais la profonde modestie dont la nature semblait l'avoir doué, et que la vertu, de concert avec la grâce, avait portée à son comble, n'étale avec plus d'éclat, son inexorable mépris pour le faste du monde, que lors de son entrée solennelle dans la ville de Toulouse. D'illustres personnages le conjuraient de monter dans un carrosse ou sur un coursier, ou du moins une belle mule, afin de figurer convenablement dans une si imposante cérémonie. Rien ne put triompher des refus de Louis; il rejetta ces diverses propositions, parce que tout cela, disait-il, ne respire que le faste et l'arrogance des grands de la terre. On lui fit un accueil magnifique à son arrivée à Toulouse, mais son cœur en vain, était si détaché qu'il ne souffrait qu'avec répugnance les honneurs qu'on lui rendait. Les habitants de la ville accouraient par troupes dans les rues et sur les places, au-devant de leur pasteur, donnant d'intarissables éloges à la noblesse de son extraction, à la ferveur de sa piété et aux charmes de son angélique beauté. Ce n'était pas assez de le voir une fois, on s'attachait à ses pas, on prenait des rues détournées pour courir à sa rencontre, afin de le considérer une seconde, une troisième fois à son gré. Hommes et femmes, tout le monde s'écriait de concert, qu'on n'avait jamais vu une si noble figure. On ne pouvait se rassasier de le contempler. (Un frère, témoin oculaire de l'entrée de Louis à Toulouse, avait raconté cette scène à Barthélemy de Pise qui l'a transmise lui-même.)

Son gracieux et paisible visage respirait je ne sais quelle vertu secrète qui touchait les spectateurs les plus hostiles à la vertu; parmi ces derniers, il se trouvait un homme, depuis longtemps esclave de la chair et qui croupissait, depuis de longues années, dans les habitudes les plus infâmes. L'attitude de ce modeste maintien, la sérénité de ce front virginal, la suavité de ce visage où se reflétait toute la candeur d'une âme pure, où s'épanouissaient tous les lis de l'aimable innocence, touchent son cœur; pénétré d'une amère componction, il brise avec une vie d'iniquités, avec un passé plein d'horreurs ; c'en est fait, il embrasse la vertu dont il voit devant lui la resplendissante image, et suivant Alvare Pélage, il s'écrie, au milieu de la foule : Notre prélat est véritablement un saint. Ces acclamations glorieuses, d'autres s'en allaient, les répétant avec orgueil dans l'ivresse de leur enthousiasme. Ils avaient de tous les prélats du monde, le plus illustre par sa naissance, le plus éminent en sainteté, le plus gracieux pour la physionomie. Mais quelque crainte se mêlait au bonheur de posséder un évêque d'une si haute distinction; ne viendra-t-il pas, comme plusieurs autres, décheoir de cette haute piété? ne s'écartera-t-il pas un jour de la voie que lui a ouverte son extrême ferveur? Lorsque Louis se fut acquitté de tous les devoirs que lui prescrivait le cérémonial de cette journée, il quitta la foule pour se rendre à l'évêché; alors, un de ses intimes amis prit la liberté de lui apprendre ce dont il était l'objet. Le jeune prélat répliqua sur le champ : « J'aimerai mieux quitter la vie de ce « monde, que la voie de la vertu, et je conjure de « toute l'énergie de mon âme, l'auteur de l'une et « de l'autre, de m'arracher à la première, plutôt « que de souffrir jamais que je m'écarte de la se- « conde. »

L'événement répondit à des vœux si dignes d'être exaucés. Une fois sur le siége de l'illustre Église de Toulouse, Louis marche de progrès en progrès, de perfection en perfection. Placé sur le chandelier de la maison de Dieu, il l'inonda d'un torrent de lumières; modèle des brebis et des pasteurs, des hommes du siècle et des ministres du sanctuaire, il proclama tous les devoirs, il enseigna toutes les vertus. Il commençait par édifier ceux qu'il allait évangéliser; il venait, après avoir presque assuré son salut, travailler au salut de ses frères. Une mission entreprise sous de tels auspices, pouvait-elle être stérile? Quelle abondante source de bénédictions ne devait elle pas ouvrir aux peuples! Quels trésors de mérites n'allait-elle pas accumuler sur la tête du pasteur.

Celui qui pratiquera et enseignera sera appelé grand dans le royaume des cieux, dit Notre Seigneur; ainsi que votre lumière luise devant les hommes, afin qu'ils voient vos bonnes œuvres et qu'ils glorifient votre Père qui est dans les cieux.

CHAPITRE DOUZIÈME.

Vie privée de Louis dans son diocèse. — Pauvreté évangélique dans ses habits, son ameublement, sa vaisselle. — Mépris de l'opinion et des discours du monde. — Étonnante mortification : Jeûnes et disciplines. — Pureté du saint Prélat, sa réserve. — Bel éloge. — Humilité du jeune Prélat; sa conduite envers les pauvres; il sollicite des prières. — Son humble conduite dans les maisons de son ordre. — Il veut déposer le fardeau de l'épiscopat. — Réponse à un compliment. — Le miracle de l'humilité ou le pain de la besace changé en or.

Le premier aspect de Louis paraissant dans son diocèse, sous le grossier habit d'un pauvre religieux, avait subjugué tous les cœurs. Dire l'ascendant de sa sainteté et les prodiges de son zèle dans la trop courte durée de son épiscopat, c'est impossible.

Essayons, toutefois, dans les trois chapitres qui vont suivre, d'en esquisser le tableau, à l'aide des traits épars que nous ont transmis ses historiens.

Dans sa vie privée, Louis fut tout à la fois un modèle et une victime d'expiation ; fidèle à son vœu de pauvreté absolue, il fit dresser, au début de son épiscopat, un rôle exact des revenus de son évêché, un des plus riches de France ; car ces revenus s'élevaient à quarante mille francs, somme énorme pour ce temps-là. Ce premier travail effectué, il enjoignit à son secrétaire intime de faire une estimation approximative des dépenses requises pour le modeste entretien de sa maison. Dix mille francs dûrent suffire à un illustre prélat et au fils d'un roi ; tout le reste fut consacré au soulagement des pauvres. Mais aussi que ne se retranchait-il pas ? Il n'avait aucun amusement de ce temps-là : ni fou, ni histrion, ni chien de chasse, ni oiseaux de proie, ni rien de cet attirail qui faisait autrefois l'apanage et l'orgueil de la noblesse ; tout cela fut impitoyablement banni de son palais. C'était, dit un de ses historiens, afin de se ménager toute l'autorité nécessaire pour faire goûter les oracles sacrés aux ecclésiastiques qui l'entouraient, et leur donner, en sa personne, l'exemple d'une vie sainte.

On sait, d'ailleurs, que Louis ne se mettait guère en frais de toilette. Jamais il ne voulut qu'on le revêtit d'autres habits que ceux de l'ordre dont il avait embrassé la règle. Ainsi, une robe grossière, une tunique d'étoffe commune que serrait autour des reins une corde noueuse, c'était tout son costume. De simples sandales lui servaient de chaussures, encore les quittait-il souvent pour aller nu-pieds. Son lit, ses chaises, ses meubles, tout enfin respirait la pauvreté évangélique, tout était merveilleusement en harmonie avec l'équipage d'un humble religieux de saint François. La richesse, l'élégance ne paraissaient ni dans son palais, ni dans sa personne. Un jour, il donna sa propre robe à un évêque pauvre, parce qu'elle était trop belle et trop richement travaillée; il aimait mieux porter une tunique usée, rebut de quelque frère, que d'en revêtir une neuve, tant il faisait peu de cas de sa propre personne et des vanités auxquelles le monde donne tant de valeur !

Une telle conduite déplaisait à ses amis, à son père surtout, parce qu'ils étaient animés des sentiments bien différents des siens; mais il se trouvait fortement encouragé par cette maxime de saint Grégoire : « Fermer l'oreille aux avis pervers que « nous donnent les sages, selon la chair, c'est ca- « cher sous le voile de la haine, une grande affec- « tion pour eux et pour soi. » Aux yeux de celui qui aime passionnément la pauvreté évangélique, toutes les grandeurs de ce monde ne sont que de vils néants, tandis que les choses les plus basses, sont pour lui ineffablement douces et précieuses.

A peine entré au service du Seigneur et revêtu des livrées de la cléricature, Louis avait rendu à son père tous les vases d'or et d'argent qu'il avait à son usage, afin de ne plus employer, désormais, qu'une vaisselle de bois ou de terre. Un jour, le barbier qui venait le raser et arranger ses cheveux, s'avisa d'apporter, pour cet effet, un bassin d'argent. Plein de mépris pour un luxe si déplacé,

Louis voulut s'en servir en guise de picotin pour mesurer l'avoine aux chevaux; cependant, lorsqu'il fut sur le siége de Toulouse, cédant aux conseils des personnes sages, il toléra l'usage d'une modeste vaisselle d'argent, non pour lui-même, mais en considération des personnes de qualité qui mangeaient à sa table; plus tard, sur son lit de mort, il la fit distribuer aux pauvres.

C'est ainsi que Louis répondait à l'humble profession qu'il avait embrassée; il oubliait qu'il était fils de roi; il oubliait qu'il était évêque; il ne se rappelait plus qu'une chose, c'est qu'il était Frère Mineur.

A un rigoureux détachement, Louis joignait une mortification des plus austères; car alors, plus que jamais, il se mit à crucifier sa chair avec ses vices et ses concupiscences, s'infligeant, tantôt pour lui-même, tantôt par la main de ses frères, de sanglantes disciplines avec des fouets armés de pointes de fer; portant sur sa chair un âpre et rude cilice avec une grosse corde; laissant souvent son lit pour dormir par terre, et forçant ainsi la chair de se soumettre à l'empire de l'esprit.

On sait déjà avec quelle sévérité il pratiquait le jeûne et l'abstinence aux jours de sa captivité. Il se montra fidèle à ses religieuses habitudes pendant son épiscopat. Un jour, il voyageait en France; c'était la veille de saint Marc; malgré sa faiblesse, malgré les vives représentations de ceux qui l'accompagnaient, il voulut absolument jeûner. Une autre fois, la veille de saint Jean, il franchissait les Pyrénées, au milieu des plus laborieux efforts, son corps était épuisé de sueurs et de fatigues; eh bien ! ni l'ordre des médecins, ni les exhortations des Frères Mineurs ne pûrent le déterminer à prendre, vers le soir, quelque nourriture. Quoiqu'on servît toujours deux plats à sa table, Louis ne mangeait que d'un seul, et en petite quantité. Enfin, il était si sobre dans le boire et dans le manger, que ses amis et les gens de sa maison redoutaient les suites de ces privations excessives.

La mortification est la mère et la gardienne de la chasteté : aussi Louis possédait-il, au suprême degré, ce précieux trésor. Son front, la candeur empreinte sur son visage ravissaient les cœurs, et y faisaient naître l'amour de l'angélique vertu. Mais aussi que ne fit-il pas pour conserver pure et sans tache, cette fleur délicate ! On est édifié jusqu'à la confusion, en lisant les prodigieux exemples qu'il a laissés à ce sujet. La reine de France, sa cousine, voyageant, à ce qu'il paraît, du côté de Toulouse, avait prié Louis de venir à sa rencontre, selon l'usage des seigneurs de France, pour la recevoir dans ses bras. Si religieux que fût l'attachement de la princesse pour sa personne, Louis ne condescendit point à ses vœux. Une dame de Toulouse apprit que le prélat avait, selon l'expression de la Sainte-Écriture, placé une garde de circonspection à tous ses sens. Je l'éprouverai, s'écria-t-elle. Elle lui fit visite dans ses appartements, elle le considéra attentivement dans le lieu saint : elle ne le trouva nulle part en défaut. De retour chez elle, elle dit à ses voisines : Vraiment, cet évêque-là est un saint ; je n'ai jamais vu personne exercer un pareil empire sur ses yeux.

Toutes les vertus se donnent la main. C'est ainsi que l'humilité, compagne inséparable de la modestie, de la mortification et de la pauvreté évangélique, ne fit que grandir encore dans le cœur de Louis, lorsqu'il fut sur le siége épiscopal. Jusque-là, il avait donné d'innombrables preuves et d'éclatants exemples du mépris qu'il avait pour lui-même; mais ce mépris se montra chez lui avec plus d'éclat encore pendant sa vie d'évêque. L'humilité, dit Surius, un des historiens de la vie de notre bienheureux, éclipsait les dons précieux dont le ciel l'avait orné; elle brillait comme l'émeraude enchâssée dans l'or le plus pur. Le premier Jeudi-Saint qu'il célébra dans son diocèse (il ne vécut pas assez longtemps pour en célébrer plusieurs), il lava les mains à douze pauvres, leur servit à manger et à boire; ensuite, s'agenouillant des deux genoux en leur présence, il leur lava les pieds. Quoique dans ses bons offices, il parût jouer le rôle d'un humble serviteur, cependant, il savait en honorant son ministère, soutenir l'autorité épiscopale. La véritable vertu nous élève et nous agrandit aux yeux de Dieu et des hommes. Riche en grâces célestes, au point de pouvoir, en y correspondant comme il faisait, se maintenir à la hauteur des plus sublimes devoirs, Louis ne laissait pas de solliciter, avec de pieuses instances, près des autres, les secours de leurs prières. Après son sacre, il voulut qu'on récitât pour lui l'oraison : *Dieu tout-puissant et éternel, ayez pitié de votre serviteur, etc.* (voyez Pierre Calot). Dans ce fidèle imitateur de Jésus-Christ, dit la bulle de sa canonisation, brilla la vraie humilité ; c'est qu'il considérait que Dieu élève les humbles.

La perspective qui avait toujours flatté le jeune saint, avant son entrée dans l'ordre de saint François, c'était la faculté qu'il y aurait pour lui d'exercer d'humbles offices. Pour en faire l'apprentissage, il avait rendu aux pauvres et aux lépreux les services les plus abjects, selon le monde. Mais ce fut surtout lorsqu'il eût embrassé la règle de saint François qu'il donna carrière à ce zèle que la religion de Jésus-Christ seule sait inspirer. Il se plaisait à servir la messe du frère qui l'accompagnait, et ce pieux office il l'accomplissait avec toute l'allégresse, toute la ferveur dont il était capable. Il se représentait devant les yeux la majesté divine, et il se considérait comme associé aux fonctions des anges qui environnent le saint autel. Dans ses voyages, il allait souvent prendre son logement chez les frères de son ordre. Un jour qu'il se trouvait à Paris, au couvent des Cordeliers, il voulut absolument, malgré la dignité épiscopale dont il était revêtu, qu'on lui prescrivît son office comme à tous les autres religieux. Une autre fois, il était dans cette même ville aux fêtes de la grande semaine, pendant laquelle se sont accomplis les mystères de notre rédemption ; le Jeudi-Saint, il revêtit cent pauvres, lava les pieds aux frères, et, selon l'usage de l'ordre, il reçut une rigoureuse discipline. Le saint jour de Pâques, il s'adjoignit aux professeurs de théologie pour laver toute la vaisselle dans laquelle les frères avaient pris leur repas. L'humilité de Louis embellissait toutes ses actions, relevait toutes ses démarches. Parmi les ornements d'un pontife, dit l'auteur de sa vie, il n'est pas de perle plus précieuse ; sans elle, la réunion de toutes les autres vertus, si toutefois il en est sans elle, n'est qu'un sable sans ciment, un amas de poussière qui s'envole.

Nous ne saurions trop insister pour faire comprendre jusqu'à quel point, ce noble rejeton des rois, porta l'amour des abaissements et des mépris, soit qu'il serve les pauvres, soit qu'il panse les plaies des lépreux, soit qu'il descende aux offices les plus bas dans les communautés de son ordre ; on peut dire de lui en toute vérité : Il a mis sa bouche dans la poussière. Est-il rien de plus grand, selon le monde, rien de plus digne d'envie que la dignité royale? Est-il rien de plus abject aux yeux du monde qu'un pauvre mendiant, un malade couvert de plaies? Eh bien ! Louis a méprisé les gloires de la royauté, il a préféré la pauvreté à l'opulence, l'humilité aux honneurs. Il avait gravé dans son âme ce salutaire conseil, dont il faisait la règle de sa conduite : plus vous êtes grand, plus vous devez vous humilier en toutes choses, et vous trouverez grâce devant Dieu. Car, Dieu seul est grand; il est honoré par les humbles.

Citons encore quelques traits pour mieux faire ressortir la vertu que nous glorifions ici. Pénétré du sentiment de son propre néant, plus d'une fois, Louis alla trouver secrètement le Saint-Père, pour le conjurer, avec toutes sortes d'instances, de le décharger de l'épiscopat; son ambition était de s'ensevelir tout entier dans l'obscurité du cloître ; mais il eût beau apporter une foule de considérations à l'appui de sa demande, le Souverain Pontife refusa constamment d'accéder à ses vœux. Quelques personnes taxèrent ces démarches d'imprudence. « Qu'on me trouve fou, répondit-il, peu « m'importe, pourvu que je sois une bonne fois « déchargé du fardeau qui m'accable. Sans doute

« cette haute dignité est pour un grand nombre un
« port de salut ; mais combien y rencontrent un
« funeste naufrage ! Il est infiniment plus glo-
« rieux de déposer le fardeau de l'épiscopat, pour
« échapper aux périls, que de le porter sur ses
« faibles épaules, en affrontant les dangers qui
« l'accompagnent. »

Nous savons avec quelle ardeur Louis souhaitait de n'être qu'un modeste religieux. Un jour qu'il entrait au dortoir des frères de Toulouse, il s'écria : Oh ! quand me verrai-je déchargé du palais de l'épiscopat, pour reposer dans un coin de ce dortoir, comme un simple et pauvre frère. Un jour qu'il se trouvait au chapitre, un religieux s'avisa de lui dire que son illustre personne (ainsi que nous l'avons déjà dit précédemment, lorsque notre bienheureux se trouva dans le monastère des Frères Mineurs à Sienne) avait singulièrement honoré leur ordre ; « Vous avez tort, mon frère, vous
« avez tort, répondit Louis avec l'accent d'une dou-
« loureuse impatience ; dites plutôt que l'on m'a
« grandement honoré, en me donnant son saint
« habit. »

Dieu ne tarda pas à témoigner, par d'extraordinaires faveurs, combien cette admirable humilité et cet amour de la pauvreté lui étaient agréables.

Les objections que Louis, en véritable Frère Mineur, savourait de temps en temps, en mendiant de porte en porte, contrariaient singulièrement le roi son père. Un jour, ayant vu Louis s'avancer la besace sur l'épaule, Charles II ordonna à l'un des seigneurs de sa suite d'aller lui annoncer que les royaumes de France et de Naples ne s'étaient point attendus à tant d'honneurs de sa part; c'était lui reprocher, assez clairement, d'avoir échangé le manteau brodé d'or contre le bissac du mendiant; Louis ouvrit la besace avec un doux sourire, et dit: Votre reproche n'est pas fondé; à ces mots, le noble personnage vit avec une indicible surprise, les morceaux de pain changés en lingots d'or, scintiller comme de radieuses étoiles. Soudain, il tombe à genoux, sollicite son pardon près du jeune homme et fait vœu au Seigneur de s'enrôler, avec le consentement de son père, sous la bannière de saint François. Ce prodige combla le roi d'une douce joie, et, dès ce jour, il ne témoigna plus de déplaisir au sujet des humbles abaissements de son fils. (Frémaut est le seul garant de ce miracle.) C'est ainsi que souvent, dès ce monde, celui qui s'abaisse est élevé.

CHAPITRE TREIZIÈME.

Nécessité de la charité pour les pasteurs. — C'est la vertu favorite de Louis. — Zèle pour l'aumône. — Habit donné à un pauvre mystérieux. — Le baiser du lépreux. — La confession d'une vieille femme. — Louis et la pauvre malade : Trait sublime. — Le Prélat sauve la vie à des condamnés. — Miracles de la charité ou guérison de deux religieux. — Charité spirituelle de Louis. — Il prêche à Paris, à Toulouse, etc. — Guérison miraculeuse après un sermon.

Ce n'est pas assez pour un évêque de sanctifier ; il doit encore travailler, de tout son pouvoir, au salut des âmes qui lui sont confiées. Or, de tous les moyens d'action, le mieux approprié, le plus efficace pour l'accomplissement de cette grande tâche, c'est sans contredit, la charité. La charité, c'est la clef des cœurs, la reine des vertus, disait notre Saint, c'est particulièrement la vertu première des pasteurs chargés, par office, d'exercer au nom du Dieu des miséricordes, un ministère de réconciliation, de paix et d'amour.

Outre qu'il était naturellement doué d'un cœur bon et compatissant, Louis, formé depuis longtemps aux saintes habitudes de l'aumône et de la bienfaisance chrétienne, semblait encore avoir revêtu, pour ainsi dire, à son sacre, les entrailles de la miséricorde divine! Il était donc préparé mieux que personne au ministère de la charité qu'il devait remplir; aussi s'empressa-t-il de soulager toutes les misères. Loin de ne voir que lui seul, d'absorber à lui seul tous ses revenus, il en avait fait aux pauvres, comme nous l'avons déjà vu, une magnifique part. Il distribuait aux églises et aux nécessiteux les trois quarts du produit annuel de son évêché. Il disait souvent que les pauvres sont un champ fertile, qui produit au centuple et rend avec usure les semences qu'on lui a confiées. Les privations qu'il s'imposait pour secourir les indigents, étaient pour lui une source de consolation ineffable; car la foi lui faisait voir Jésus-Christ dans la personne des pauvres. Donner à celui de qui il tenait, de qui il attendait tout, donner des biens qu'il ne pouvait jamais perdre, n'était-ce pas, en effet, une bonne fortune, un grand sujet de joie et de bonheur?

Les grands du monde font la charité de leurs vêtements, lorsque ces vêtements sont usés ou flétris. Louis, dès son enfance, donnait aux pauvres les habits qu'il portait, et souvent on l'avait vu se dépouiller pour vêtir les indigents. Il était évêque, lorsque voyageant en France avec le roi son père, il rencontra un malheureux qui lui demanda l'aumône; alors se ressouvenant de ces paroles du Sauveur: ce que vous avez fait à l'un des moindres de vos frères, c'est à moi que vous l'avez fait; il ôta son habit religieux, tout neuf encore, et trop beau, selon lui, et le donna à ce pauvre. Instruit de cette action, le roi son père fit chercher le pauvre dans tout le voisinage, afin de racheter à prix d'argent, un habit qui pouvait le faire accuser de vol; mais il ne le trouva nulle part, et l'on crut que c'était Jésus-Christ qui s'était présenté sous la forme de ce pauvre. La charité se produit sous toutes les formes. Un jour que le pieux prélat assistait aux saints mystères, l'officiant qui présentait la paix, omit de la donner à un pauvre lépreux; à cette vue, Louis se leva aussitôt, s'approcha du lépreux, et s'agenouillant devant lui, il lui baisa, d'après Marc de Lisbonne, dévotement le visage.

Une autre fois, tandis qu'il se rendait à Paris avec toute sa maison, une pauvre femme gisant dans une chétive et misérable cabane, lui demande humblement de se confesser. Quelques prêtres, de la suite du prélat, voulurent descendre de cheval pour entendre sa confession; non, non, dit Louis, c'est moi qui vais l'entendre, cela me regarde; il descendit, en effet, entra dans l'humble hutte et confessa la pauvre femme, à laquelle il laissa de douces consolations et une abondante aumône. Au sortir de là, il se trouva rempli d'une vermine immonde; il en éprouva une grande satisfaction. La joie dans le cœur, le rire sur ses lèvres, il se résignait à porter sur sa personne les ignobles insectes qu'il appelait les perles du pauvre.

Un autre jour, il rencontra pour l'exercice de son héroïque charité, une occasion à peu près semblable. Voici le fait tel que le rapporte l'historien contemporain : le saint évêque avait pour habitude de visiter souvent les asiles de la pauvreté et de la souffrance, pour recevoir la confession des malades, consoler leur affliction et soulager leur misère. Pendant les derniers mois qui précédèrent sa mort, il fit le voyage de la Catalogne. Après les fatigues d'une longue journée de marche, il visita dans les Pyrénées, une pauvre malade et l'exhorta, de tout son cœur, à confesser ses péchés au frère qui l'accompagnait ou à lui-même, car moi aussi, ajouta-t-il, je suis Frère Mineur. La malade refusa de se confesser; alors le serviteur de Dieu lui demanda, avec la plus engageante douceur, si elle n'avait pas besoin de manger ; sur sa réponse affirmative, on lui apporta quelque nourriture que le charitable évêque, appuya sur le lit de la malade, lui présenta, lui mit même à la bouche. Dans un clin-d'œil, le contact d'une si grande misère le couvrit d'une multitude d'ignobles insectes, dont la seule pensée inspire le dégoût et l'horreur. Louis souffrit, sans aucune émotion, ces hôtes désagréables. L'humble charité est toujours obligeante et gracieuse.

Louis aimait aussi à visiter les prisonniers, à

procurer leur délivrance, à sauver la vie de ceux qui étaient condamnés à la peine de mort. Un jour, les têtes de cent cinquante personnes, ennemies de son père, allaient tomber sous le fer du bourreau ; ses prières obtinrent la grâce des coupables.

Il est rare que le ciel, même dès ce monde, ne signale pas la vertu à l'admiration des hommes, lorsqu'elle est portée jusqu'à l'héroïsme. Deux faits presque semblables entr'eux, mais accomplis dans des lieux et avec des circonstances diverses, nous montrent jusqu'à l'évidence combien est précieuse devant Dieu la belle vertu de charité. Louis se trouvait à Brignoles, au Couvent des Cordeliers. Depuis un mois, un religieux, nommé Pierre, gisait sur un lit de douleur, en proie à une fièvre dévorante ; les ressources de l'art et les soins les plus dévoués n'avaient pu lui procurer aucun soulagement; déjà les médecins désespéraient de la guérison de l'infortuné malade, lorsque les mérites et le crédit du jeune Saint firent renaître l'espérance dans son cœur. Le malade demanda qu'on voulût bien lui apporter du repas du serviteur de Dieu ; on lui servit un plat de potage dont Louis avait mangé ; à peine eut-il goûté les restes du saint prélat, qu'il se trouva complètement guéri.

Une autre fois, Louis se trouvait dans un autre couvent de son ordre. Là aussi treize jours d'une fièvre incessante avaient conduit un pauvre frère aux portes du tombeau : c'était à tel point que, le matin du dernier jour, le médecin avait annoncé sa mort pour l'heure des complies. Convaincu du péril qu'il courait et plein de confiance en la sainteté du prélat, alors présent dans le monastère, le malade s'écria avec un accent qui témoignait de sa grande confiance : ah ! si j'avais à manger quelques restes du frère Louis, je serai bientôt guéri. Ayant entendu ces paroles, l'infirmier du couvent court demander à l'un de ses confrères des restes du saint prélat. Guillaume, c'était le nom du charitable religieux, apporta sur le champ, au malade, un plat dans lequel Louis avait laissé quelques morceaux de pain. Le malade essaya d'en manger, aussitôt il fut délivré de sa fièvre, et, le jour même, il fit une demi-lieue de chemin ; à son retour, le médecin qui croyait le trouver mort ou du moins à l'agonie, n'apprit pas sans étonnement qu'il avait quitté l'infirmerie. Il demanda l'explication de ce mystère, et on lui rendit compte de ce qui s'était passé. « Dieu, s'écria-t-il, peut ressusciter les morts, et je ne comprends que par l'intervention du ciel, la guérison de ce bon frère. »

Si la charité de Louis était grande et admirable, à l'égard des besoins corporels du prochain, elle était bien plus grande, bien plus admirable encore, à l'égard des besoins spirituels. Les pécheurs étaient l'objet de sa plus vive sollicitude ; il brûlait de les ramener à Dieu; il offrait, pour eux, de ferventes prières au Seigneur, afin de désarmer sa colère; pour eux, il travaillait à former des prêtres selon le cœur de Dieu; il était toujours disposé à entendre les confessions; pour consoler les pécheurs, il n'hésitait pas d'entreprendre des courses longues et pénibles, de faire souvent, plusieurs fois par jour, des prédications fatigantes. Rien ne lui coûtait, quand il s'agissait de faire passer une âme du péché à la grâce. Que de Juifs n'amena-t-il pas à la foi de Jésus-Christ!

Ce zèle pour le salut des âmes lui inspirait un grand amour pour la prédication; on le savait; aussi d'autres évêques l'invitèrent-ils, plus d'une fois, à rompre à leurs diocésains le pain de la parole divine. Il prêchait avec une ardeur qui impressionnait vivement et convertissait les âmes. L'on dit que son zèle lui fit entreprendre plusieurs missions, plusieurs voyages; il prêcha à Paris, en Espagne, en Italie, à Rome où il montra, dans un magnifique sermon, d'une manière admirablement persuasive, que les prospérités de la terre ne sont que de pures vanités, et qu'il ne faut chercher d'autre bonheur que celui de la vie éternelle; il prêchait un jour, à Paris, en présence d'une assemblée composée de doctes personnages et d'une foule d'étudiants; tout l'auditoire était, pour ainsi dire, suspendu à ses lèvres; sa pose pleine de modestie, la céleste beauté de son visage, la facilité de son élocution, le feu de son action, la sainteté de sa vie, l'esprit de Dieu dont il était rempli, tout excitait l'enthousiasme et la piété dans les âmes; il n'y avait pas jusqu'à son grossier habit de Frère Mineur qui n'exerçât, je ne sais quelle magie sur les esprits, même les plus prévenus. A Toulouse et dans un très-grand nombre de paroisses de son diocèse, il se plaisait à donner des missions; il n'était pas rare, disent les historiens de sa vie, de le voir monter en chaire, plusieurs fois par jour, toujours avec un fruit merveilleux pour son auditoire. Le désir de l'entendre était si grand, l'affluence si empressée que, plusieurs fois, des personnes faillirent être étouffées dans les flots de la foule.

Un seul trait va nous faire comprendre à quel point ses prédications plaisaient au Seigneur. Une femme de Montpellier, nommée Rose, épouse de Pierre de Villars, affirma avec serment, que l'homme de Dieu, après un sermon prêché par lui, le Vendredi-Saint, dans cette dernière ville, avait guéri, de la façon suivante, son petit enfant âgé d'un an et malade des écrouelles. Louis ayant fini de parler, était déjà sur sa mule tout prêt à partir, lorsque la mère du petit malade, tenant la monture par la bride, le pria de toucher son fils avec ses mains sacrées; elle espérait que le contact suffirait pour opérer la guérison. Alors le saint prélat fit sur l'enfant le signe de la croix, toucha son cou avec bonté, et, à l'instant même, le petit malade fut guéri complètement.

Le Seigneur bénissait les prédications de Louis, parce que sa pensée, ses paroles, ses actions, tout en lui était en harmonie. Son discours était l'expression de sa vie, et sa vie, la pratique et la sanction de ses discours. Aussi elle était grande la puissance que la charité de Louis donnait à ses paroles. Saint Augustin a dit quelque part : *Aimez et dites ce que vous voulez, aimez et faites ce que vous voulez.* Cette double maxime s'est littéralement vérifiée pendant la courte durée de l'épiscopat de Louis, et c'est l'action de cette divine vertu qui nous explique, mieux que toute autre chose, les conversions, les bonnes œuvres et toutes les merveilles qu'il a accompagnées dans l'espace de quelques mois.

CHAPITRE QUATORZIÈME.

Louis, modèle de son clergé. — Juste appréciation des sujets.— Sévère examen avant la cléricature, nomination aux bénéfices, sacerdoce. — Sollicitude pour son clergé. — Il défend le luxe des habits. — Prudence et perfection de Louis.

La charge pastorale, redoutable aux anges même, est un lourd fardeau pour les faibles épaules de l'homme, fût-il un saint? Celle de Louis, placé, si jeune encore, à la tête d'un vaste diocèse (attendu que l'évêché de Toulouse comprenait alors le diocèse de Pamiers et plusieurs autres qui lui étaient réunis), l'était plus que tout autre encore ; il le comprit. Si enflammé que fût le zèle du saint prélat, si puissante que fût son action sur son peuple, comme nous venons de le voir dans le chapitre précédent, il ne pouvait seul évangéliser, administrer, sanctifier un si immense diocèse ; de dignes collaborateurs lui étaient nécessaires, il ne négligea rien pour les former. D'abord, il leur donna lui même, l'exemple d'une sainte ponctualité. Dans l'accomplissement des hautes fonctions de son épiscopat, serviteur sage et fidèle, il célébrait assidûment les saints mystères, faisait régulièrement les ordinations, administrait régulièrement le sacrement de confirmation aux enfants, réconciliait ou consacrait des églises et bénissait les vierges. La sollicitude épiscopale était au-dessus de toute expression; quelles leçons ne recevaient pas à une telle école les ministres du sanctuaire! Dans le choix et l'admission des sujets à la cléricature et aux saints ordres, Louis apportait le plus grand discernement; il examinait avec une sainte sévérité, conformément aux saints canons, la naissance, l'âge, l'éducation, la doctrine, la foi, la vie de ceux qui aspiraient au sacerdoce. Unissaient-ils aux bonnes mœurs le témoignage d'une vie éminemment honorable, alors il leur ouvrait les portes du sanctuaire. Lorsqu'il s'agissait de pourvoir un clerc de quelque bénéfice, il lui faisait subir une sévère épreuve; sa vie et ses mœurs, ses vertus et ses défauts, sa science et sa foi, tout était l'objet d'un examen scrupuleux. Il voulait que les clercs connussent convenablement le chant ecclésiastique; il les interrogeait sur le décalogue, sur le symbole, sur les péchés; il renvoyait sans pitié ceux qui ne répondaient pas d'une manière satisfaisante sur ces points. Trois semaines avant sa mort, il se présenta un clerc qui avait reçu un bénéfice dans son diocèse; il eut beau protester qu'on l'avait examiné en cour de Rome, Louis le renvoya, parce qu'il ne lui trouva pas l'instruction suffisante. Aussi fallait-il voir avec quel zèle on étudiait dans le diocèse de Toulouse, les points sur lesquels le saint Évêque voulait qu'on fût instruit. C'est une preuve entre mille que toujours l'Église a aimé la science ; oui, toujours elle a voulu que ses ministres, à l'exemple du saint précurseur de Jésus-Christ, fussent des lampes ardentes et brillantes, afin qu'ils fussent à même d'échauffer par la charité et d'éclairer par la doctrine.

Louis redoublait de sévérité, lorsqu'il s'agissait de conférer le caractère sacerdotal ; alors surtout, il pesait les mérites, sans faire jamais acception de personne ; il considérait la science et les mœurs sans égard à la fortune et à la condition.

Il interdit à son clergé le luxe dans les vêtements ; communément, la recherche dans la tenue annonce une grande incurie en fait de vertu ; une mise simple et modeste révèle la pureté du cœur. Cependant, le pieux prélat voulait que la tenue de chacun répondît à son rang ; mais il jugeait, avec raison, qu'il valait infiniment mieux orner l'âme que le corps ; la véritable gloire d'un ministre de Jésus-Christ, c'est la vertu.

CHAPITRE QUINZIÈME.

Dieu appelle à lui le saint Prélat. — Son voyage à Tarascon, sa préparation à la mort : joies de Louis. — Derniers sacrements : Foi à l'approche du Dieu de l'Eucharistie. — Ferventes prières — Efforts du pieux Évêque. — Beau spectacle de Louis sur son lit funèbre. — Magnifiques obsèques et nombreux prodiges. — Haute et sainte maturité du jeune Prélat.

Quoique Louis fût un grand prélat, un grand prince, il n'était néanmoins, dans toutes ses manières qu'un pauvre Frère de l'ordre des Mineurs; il en portait l'habit, en pratiquait les austérités, il en observait la règle autant que les circonstances pouvaient le lui permettre; il ne logeait point ailleurs dans ses voyages que dans leurs couvents; il avait toujours avec lui quelques religieux de son ordre. Dans le nombre, il y en avait un à qui il avait donné le soin de le reprendre de ses défauts, sans crainte et sans ménagement. Ce bon religieux le reprit un jour plus librement, devant plusieurs personnes, qui blâmèrent fortement cette liberté, mais lui l'excusa, disant que c'était par ses ordres qu'il avait agi ainsi; car, ajouta-t-il, il n'y a rien de plus nuisible que la flatterie, ni rien, au contraire, de plus profitable que la correction faite par des amis.

L'épiscopat de Louis fut bien court, mais très-fructueux pour le diocèse de Toulouse ; le saint prélat fournit au diocèse de bons prêtres pour la conduite des âmes ; il en bannit les vices et le dérèglement que les hérétiques y avaient introduits ; il y répandit une telle odeur de sainteté, que plusieurs prirent la résolution de voir l'héritier de deux beaux royaumes et le successeur de tant de grands prélats, mépriser tout ce que le monde recherche, et que chacun se sentait porté à fouler aux pieds les vanités du monde, pour ne plus s'attacher qu'à Jésus-Christ.

Cependant, notre Saint, croyant n'avoir encore rien fait, forma le dessein de renoncer à sa dignité pour se cacher dans une cellule, où inconnu aux hommes, il pût ne s'occuper que de Dieu ; mais, tandis qu'il se disposait à se rendre à Rome, pour se démettre de sa charge entre les mains du Pape, Notre Seigneur lui révéla que la fin de sa vie était proche.

Pour la gloire de son nom et l'avantage des fidèles, Dieu avait fait briller Louis comme un radieux flambeau dans les diverses contrées de la catholicité, comme autrefois l'arche d'Israël ; il résolut enfin, dans la sagesse de ses impénétrables conseils, d'appeler à la vie parfaite du ciel le jeune et saint prélat, plein de mérites et de bonnes œuvres ; c'était un fruit mûr pour l'éternité.

Louis venait de rentrer en sa ville de Toulouse, au retour d'un voyage en Catalogne où il avait visité la reine d'Aragon, sa sœur. De Toulouse, il se rendit à Tarascon, où repose le corps de sainte Marthe ; là, l'homme de Dieu, sur le point de devenir l'hôte du ciel, fit un magnifique panégyrique de la bienheureuse hôtesse du Sauveur. Ensuite, il gagna le palais de son père, à Brignoles ; c'est là qu'il fut saisi de la fièvre qui mit fin à ses jours. Assuré par une lumière céleste qu'il touchait au terme de sa carrière, le saint prélat se prépara soigneusement à ce passage du temps à l'éternité. Il se livrait continuellement à la prière ! La contemplation des choses de Dieu l'absorbait tout entier. Malgré ses souffrances, il accueillait de grand cœur les exhortations pieuses et faisait journellement célébrer les saints mystères dans sa chambre pour participer aux fruits inestimables de ce divin sacrifice.

Modèle de patiente résignation à ses derniers jours, comme pendant tout le cours de sa vie, Louis méditait sur nos fins dernières, sur ces destinées qui, bon gré mal gré, ne peuvent être éloignées de chacun de nous. Grâce à ces sages dispositions, il attendit, avec une parfaite sérénité, l'arrivée de la mort. « Je meurs, dit-il, au frère
« qui l'accompagnait, et j'éprouve la joie d'un pas-
« sager qui, après une longue et périlleuse tra-
« versée sur une mer hérissée d'écueils et grosse de

« tempêtes, aperçoit la terre et va rentrer au port
« désiré. Ah! il y a si longtemps qu'il est l'objet de
« mes vœux! Il y a si longtemps que j'appelle
« l'heureux instant où il me sera donné de déposer
« ce fardeau que mes épaules refusent de porter.
« Mes fonctions me préoccupent, m'absorbent, me
« dérobent à moi-même; je ne puis être à moi; je
« ne puis, à mon gré, m'occuper de Dieu et de
« mon âme. Assurément, la dignité épiscopale est
« moins un titre d'honneur qu'un accablant far-
« deau. Cette charge formidable, j'en serai affran-
« chi, lorsque je serai arrivé au port. »

Le saint prélat se fit administrer les sacrements, selon les cérémonies de l'Église, le jour même de l'Assomption de la Bienheureuse Vierge Marie. Quoique les souffrances d'une cruelle maladie eussent épuisé ses forces, au point de ne plus faire de son corps qu'un squelette décharné, néanmoins, à l'approche de la Sainte-Eucharistie, que le ministre du Seigneur lui apportait, suivant l'antique et pieux usage, soutenu par la puissance de la foi, il commande à sa nature exténuée un dernier effort, afin de rendre de justes hommages au Dieu des miséricordes qui venait le visiter sur sa couche de douleur. Soudain, il se lève, s'avance au-devant de l'Auguste Sacrement, s'agenouille au pied de l'autel, dressé dans sa chambre, et reçoit avec la plus tendre dévotion, le gage de notre salut, le viatique de notre dernier voyage. Cependant, le pieux moribond poursuivait le cours de ses ferventes oraisons, et s'il les interrompait, de temps en temps, c'était pour se soulever sur son lit et fixer vers le ciel des regards attendris, puis il reprenait, en ces termes, ses prières assidues. « Nous vous adorons, « divin Sauveur, et nous vous bénissons, parce « que par votre sainte croix, vous avez racheté le « monde. » Il redisait encore les paroles du Psalmiste : « Ne vous souvenez point des péchés de « ma jeunesse, ni de mes ignorances. » Enfin, il récitait presque sans cesse la salutation angélique, et comme on lui demanda pourquoi il la récitait tant de fois, il répondit : c'est que je vais mourir, et la Sainte Vierge me prêtera son appui. Louis conserva jusqu'à la fin l'usage de sa raison et la liberté de tous ses sens; enfin, le quinzième jour de la maladie, le 19 août 1297, la deuxième férie dans l'octave de l'Assomption de la Bienheureuse Vierge Marie, mère de Dieu, pour le culte de laquelle il avait témoigné le zèle le plus ardent et la dévotion la plus affectueuse, il s'endormit paisiblement dans le Seigneur, à l'âge de vingt-trois ans et demi; il était alors à Brignoles (en Provence), qui lui avait donné naissance. Le serviteur de Dieu ne connut à son trépas, ni les amertumes d'une séparation déchirante, ni les convulsions d'une agonie douloureuse, ni les sombres terreurs d'un menaçant avenir; mourant journellement à lui-même, il s'était familiarisé avec les horreurs de la mort; pour lui, mourir était un gain; voir briser les liens de son corps, afin d'être avec Jésus-Christ, le comble de ses vœux. Aussi les saintes joies de son âme s'épanouissaient sur son visage naturellement si beau; sa face empreinte d'un charme surhumain, parut resplendir d'une grâce toute céleste. A voir le calme de sa physionomie, on eut dit qu'au lieu de dormir le dur sommeil de la mort, il sommeillait dans un doux repos. Ah! qui ne s'écriait à un tel spectacle : la mort de ses saints est précieuse aux yeux de Dieu! Puissé-je mourir de la mort des justes! Puissent mes derniers instants ressembler aux leurs.

Son visage parut aussi beau que durant la vie. Un religieux vit son âme s'élever dans le ciel en compagnie de plusieurs esprits bienheureux qui chantaient : C'est ainsi que sont traités ceux qui ont servi Dieu avec innocence et pureté. On dit aussi qu'il sortit de sa bouche une rose parfaitement vermeille, pour marquer sa chasteté incomparable. Son corps fut porté solennellement aux Cordeliers de Marseille, où il avait ordonné de l'enterrer.

Il y avait, hors de l'enceinte de Marseille, près de la Porte Royale, un superbe couvent de saint François. Ce fut au milieu du chœur de la chapelle que, conformément au vœu émis par lui dans son testament, furent inhumées, après les plus magnifiques obsèques, les dépouilles du jeune et saint prélat. Plus tard, comme le couvent était moins un monastère qu'une forteresse, François Ier le fit détruire de fond en comble, dans la crainte que, s'il venait à tomber entre les mains des ennemis, il ne fût pour eux un asile et un boulevard inexpugnable; Clément VII ayant souscrit à cette mesure, transféra au couvent de l'Observance, qui se trouvait dans la ville, les immunités et les priviléges jadis octroyés au premier. Parmi les biens meubles dont l'enrichit le Pontife, figuraient un bras de saint Louis, ses vêtements pontificaux et son testament.

Pendant qu'on transportait les précieuses dépouilles du château de Brignoles à Marseille, les nobles personnages qui accompagnaient le convoi, virent des rayons lumineux descendre du ciel sur le corps de notre Saint; c'est pour perpétuer le souvenir de ce fait que, chaque année, l'avant-veille de la fête, la population de Brignoles se rend, avec des torches ardentes, la municipalité et la musique en tête, sur le chemin d'Aix, et rentre ensuite en ville, en passant devant la Sous-Préfecture, qui était jadis la maison de notre Saint, le palais de son père et des comtes de Provence, et là un feu de joie est allumé et des morceaux de chant et de musique sont exécutés par la musique de la ville.

Lorsqu'on fut arrivé dans une plaine, près de la ville, une lumière céleste ralluma soudain les cierges éteints ; ce prodige, ainsi que le rapportent Barthélemy de Pise, Wadding, Robert de Licias et le bréviaire des Frères Mineurs, ce prodige fut suivi de plusieurs autres. Peu de temps après la cérémonie de l'inhumation, des témoins parfaitement dignes de foi, protestèrent qu'ils avaient vu Louis dans le chœur de l'Église, au-dessus du grand autel, sous la forme ordinaire, revêtu des ornements pontificaux et environné de splendeurs. Une douce joie, indice de la félicité céleste, rayonnait sur son front.

Les Bollandistes ajoutent qu'il se fit une infinité de miracles à son tombeau ; Henri Sédulius les a laissés par écrit (nous en parlerons de nouveau, au chapitre suivant) ; plus de dix morts furent ressuscités ; des boiteux, des estropiés recouvrèrent l'usage de leurs membres ; des goutteux, des sourds, des muets furent délivrés de leurs infirmités ; des insensés recouvrèrent l'usage de leur raison ; des épileptiques furent aussi guéris, et toutes sortes d'autres malades recouvrèrent une santé parfaite ; tous ces prodiges portèrent le pape Jean XXII, qui, ayant été le précepteur de saint Louis, avait eu le temps de l'observer de près, à canoniser notre Saint, dès l'année 1317, quelques années seulement après sa mort. Surius a transcrit la bulle de ce Pape, et MM. de Sainte-Marthe, en parlant des évêques de Toulouse, rapportent après Frison, la lettre qu'il écrivit à la reine de Sicile, mère de Louis, lettre dont nous parlerons plus tard, pour la féliciter d'avoir donné au monde un fils d'un aussi grand mérite.

Saint Louis mourut fort jeune ; il n'était âgé, avons-nous déjà dit, que de vingt-trois ans et demi ; il en avait quatorze, lorsqu'il fut envoyé en ôtage dans la Catalogne, pour la délivrance de son père. La durée de sa captivité fut de sept ans ; il en sortit le 31 octobre 1295 et mourut le 19 août 1297. Mais si Louis n'avait pas la maturité de l'âge, il avait celle de la sagesse, et le nombre de bonnes œuvres effaçait celui de ses jours. Vieillard par les mérites et non par les années, car la vie sans tache est une longue vie, consommé en peu de jours, il a rempli une longue carrière ; son âme était agréable à Dieu, c'est pourquoi il s'est hâté de le retirer du milieu des iniquités.

En effet, ce n'est point la durée de la vie qui importe, mais bien une conduite sainte ; la plus courte carrière est assez longue, lorsqu'elle est toute consacrée à la vertu. Au printemps de ses jours, Louis avait semé d'abondantes bonnes œuvres et préparé une riche moisson de mérites ; bien avant sa mort, il était mûr pour le ciel.

CHAPITRE SEIZIÈME.

Les Saints vivant après leur mort. — Testament de Louis. — Son portrait au physique et au moral. — Louanges en l'honneur du saint Prélat. — Son éloge par le Souverain Pontife.

Les Saints ne sont jamais plus vivants qu'après leur trépas; leur tombeau est le berceau d'une éternelle vie. Comme le juste Abel, Louis parle encore après sa mort, et par les dispositions testamentaires où se peint sa belle âme, et par le souvenir de vertu qu'il a légué à la terre.

Tout ce qui se rattache à l'aimable Saint, dont nous étudions la vie, offre un tel charme, que le lecteur nous saura bon gré, nous n'en doutons pas, de parler ici de son testament; il porte, comme toutes ses œuvres, le cachet de l'immolation.

« Au nom du Seigneur, Amen. L'an 1297 de la
« naissance du Sauveur, la dixième indiction (l'indiction est une révolution de quinze années, dont il est fait usage dans les dates des bulles de Rome),
« la treizième année du règne prospère de l'illus-
« tre prince Charles II, par la grâce de Dieu,
« roi de Jérusalem et de Sicile, duc de la Pouille,
« prince de Capoue, comte de Provence et de

« Forcalquier, Amen. Le 19 août de la même indic-
« tion, au château de Brignoles, en présence du
« sieur Georges, notaire public, par autorité
« royale, tant dans le royaume de Sicile, que dans
« le comté de Provence, et des témoins soussignés,
« appelés et mandés, à cet effet, à savoir, le véné-
« rable Durand Maurice, prieur conventuel, de
« Bercerault, prieur de Saint-Genit, des frères
« Guillaume de Cornelien, François Brun, Pierre
« Scarrère, Barthélemy Vital, de l'ordre des Frères
« Mineurs et de maître Hugues physicien, moi,
« frère Louis, par la permission divine, évêque de
« Toulouse, me souvenant de la condition hu-
« maine, toujours accompagnée de la fragilité na-
« turelle qui, depuis le commencement de notre
« vie, est sous l'empire de la mort, étant malade
« de corps, mais sain d'esprit, jouissant de la
« liberté de la parole, du discernement de la rai-
« son, de la fidélité de la mémoire, voulant devan-
« cer le dernier jour de mon pèlerinage ici-bas,
« par mes dispositions testamentaires, ayant ob-
« tenu, à ce sujet, l'autorisation du siége aposto-
« lique (sans cette autorisation, Louis qui s'était
dépouillé de tout, à sa profession religieuse, ne
devait plus rien posséder, et, conséquemment,
ne pouvait rien léguer), « je dispose de la manière
« suivante, de mes biens propres, c'est-à-dire de
« ceux dont l'administration est en mon pouvoir.

« D'abord, je choisis ma sépulture dans la maison des Frères Mineurs de Marseille ; ensuite, quant à mes biens et aux chapelles que je possédais, lorsque j'embrassai la règle et revêtis l'habit de saint François, j'en dispose de la manière suivante : Les chapelles et tout ce qu'elles renferment appartiendront aux Frères Mineurs de Marseille, de Toulouse et d'Aix, selon la répartition que le P. Raymond de Godfroi, docteur en théologie et provincial, et le P. gardien de Toulouse auront jugé à propos d'établir entre ces diverses maisons ; pour mes livres, je lègue au frère Guillaume de Cornelien, mon compagnon et mon ami, la *Bible,* en un volume, que le susdit roi, mon seigneur et mon père, m'a donnée ; je lui lègue aussi la *Somme de Saint Thomas ;* de même, au frère Bérenger du Bois, mon ami, la *Bible* que m'a donnée le couvent de Toulouse ; de même, au frère Pierre de Cocard, mon ami, la *Bible* et les *Belles Fleurs des Saints*, qui appartinrent autrefois à mon prédécesseur ; tous mes autres livres, je les lègue aux frères Pierre Scarrère et François Brun, mes compagnons et mes amis, pour être répartis entr'eux, à part égale, en retour des bons et nombreux offices que je me rappelle avoir reçus d'eux pendant bien longtemps.

« Quant aux chapelles que je possédais avant

« ma profession religieuse, je les lègue à l'église
« de Toulouse ; je lègue et laisse tous mes anneaux
« au susdit seigneur roi, à ma souveraine la reine,
« mes parents, de telle sorte que le seigneur roi
« ayant conservé ceux qu'il lui plaira, les autres
« appartiendront à la susdite souveraine, ma mère ;
« pour mes autres biens, tels que vases d'argent,
« montures et autres objets, ainsi que ce qui m'est
« dû pour quelque motif que ce soit, je veux
« qu'après avoir réparé mes torts, s'il en est qui
« doivent l'être, et avoir payé mes dettes aux per-
« sonnes envers lesquelles je suis engagé, quelles
« que soient d'ailleurs ces personnes, mes exécu-
« teurs ci-dessus désignés s'en servent pour récom-
« penser mes amis et mes serviteurs, selon qu'ils
« le jugeront à propos, eu égard à leurs conditions
« et aux services rendus par eux à ma personne ;
« tout le reste, ils le distribueront entre les cou-
« vents de la ville de Toulouse, des Frères Mineurs
« de Marseille et d'Aix, des Frères Prêcheurs de
« Saint-Maximin et de Sainte-Claire-d'Assise, à la
« condition qu'ils feront construire, à leur gré, une
« chapelle en l'honneur de saint Laurent, martyr,
« pour l'usage de la maison épiscopale de Tou-
« louse. Quant au Pontifical et à l'Antiphonaire
« que m'a donnés le couvent de Draguignan, je
« veux qu'ils lui soient rendus. De même, je lègue
« au couvent de Brignoles un vêtement sacerdotal

« complet, parmi ceux qui sont communs et à
« l'usage des personnes de ma maison. »

La paroisse de Saint-Maximin possède une chape de saint Louis qui, pendant longtemps, a servi le 31 décembre de chaque année, à la bénédiction de fin d'année, j'en ai été le témoin, moi-même, dans mon jeune âge ; mais, depuis Monseigneur Wicart, évêque de Fréjus, cette chape est conservée précieusement dans la sacristie de la paroisse, comme une relique d'un grand prix.

Le reste de cette pièce renferme les noms des exécuteurs testamentaires, avec la détermination des pouvoirs dont ils sont revêtus ; suivent enfin les clauses et les formalités voulues.

Nous voyons, dans ce curieux récit, le mobilier du saint prélat, les nombreux legs de sa piété et les dons de sa touchante gratitude, tout cela est digne du noble caractère de notre Saint.

Le portrait physique et moral de cet aimable héros de la vertu achèvera de nous le faire connaître, autant, du moins qu'il est possible de pénétrer dans le sanctuaire de cette âme si précieuse.

La constitution physique de Louis était excellente, ses membres parfaitement proportionnés, son visage d'une beauté remarquable ; il avait la tenue modeste, la démarche grave, la physionomie charmante, à tel point qu'on ne pouvait se lasser de le voir. Sa voix était pleine de mansuétude, son œil brillant d'un vif éclat, mais la modestie exerçait sur ses regards un si puissant empire, que jamais il ne les porta sur une personne d'un autre sexe. Tout le monde, continue l'auteur contemporain, voulait voir le jeune Saint à la face angélique et à la sainteté éminente, aux œuvres merveilleuses. Sa gracieuse beauté était incomparable. Sur son front, dans ses yeux, dans tout son extérieur respirait une suave douceur, le miel était sur ses lèvres, la candeur et la simplicité dans son âme, l'aménité, le charme de sa personne captivaient tous les regards. A son aspect, dit Rodolphe, on croyait voir un ange du ciel, plutôt qu'une créature humaine.

Mais si la beauté physique de Louis était grande, rien n'égalait sa beauté morale, c'est-à-dire la pureté de ses mœurs et l'éclat de la sainteté. On admirait en lui, une rare modestie, une profonde humilité, une haute piété, une parole pleine de feu et de grâce, des prédications toutes de flammes ; les traits de son visage, les accents de sa voix, les détails de sa conduite, les splendeurs de sa vertu, les exemples de sa vie, tout offrait aux regards émerveillés le plus édifiant spectacle. On l'eut pris pour le type et l'image vivante de la perfection. Le jeune Saint n'avait rien emprunté à l'éclat de la naissance, à la gloire de ses ancêtres ; l'amour des souffrances, le mépris du siècle, la pauvreté évangélique, l'humilité chrétienne, la ferveur, la chasteté, la mortification, la gravité, la charité, la justice avaient composé et placé sur sa tête la plus radieuse couronne, une couronne de sainteté. Le jeune prélat réunissait donc toutes les qualités de l'âme et du corps. Qui ne glorifierait saint Louis, s'écrie un autre auteur (Jérôme Plat.) avec toutes les grâces de la beauté, tous les dons du génie, toute l'abondance des richesses, tous les trésors de l'opulence; il a su mépriser les vices, fouler la terre aux pieds, conquérir Jésus-Christ par l'acquisition de la vertu et de la gloire (Robert historien).

Aussi, écoutons le pompeux éloge que fait de l'admirable prélat le pape Jean XXII, dans la bulle qui le place au nombre des saints : « Le soleil qui
« s'est levé sur le monde dans les hauteurs des
« cieux, le Fils de Dieu, qui est Dieu lui-même,
« vient, dans ces derniers temps, de produire un
« admirable chef-d'œuvre, plein de l'éclat de sa
« gloire, et manifestant magnifiquement sa bonté.
« Celui qui seul opéra de grandes merveilles, vient
« de montrer à la terre le Bienheureux Louis, son
« illustre et bien-aimé confesseur, éblouissant de
« pureté, enflammé d'une charité brûlante, et
« choisi entre mille comme un brillant modèle pro-
« posé à l'imitation de tous les fidèles; l'excellence
« de son étonnante vie, il l'a établie, il la fait écla-
« ter à tous les regards par des prodiges signalés
« et de nombreux miracles. »

C'est ainsi que commence la bulle du Souverain Pontife ; la fin répond à ce magnifique début :
« Louons, exaltons notre Dieu dont la main a placé
« sur le front de ce prélat un radieux diadème.
« Qu'ils lui applaudissent également les citoyens
« des cieux dans l'assemblée desquels vient de se
« ranger un saint plus resplendissant que le soleil.
« Que les heureux royaumes de France, de Sicile
« et de Hongrie, qui ont produit de leur sein ce
« lys éblouissant, mêlent aux célestes concerts
« leurs chants d'allégresse. Honneur et jubilation
« à la ville de Toulouse, qui a possédé un si illus-
« tre prélat,... et vous, Marseille, vous êtes heu-
« reuse de conserver le trésor de ses précieuses
« reliques, pour l'ordre glorieux des Frères Mi-
« neurs ! qu'ils chantent sans interruption un nou-
« veau cantique de louanges, en représentant aux
« yeux de Dieu, dans la cour céleste, les mérites
« d'un si glorieux fils ! »

CHAPITRE DIX-SEPTIÈME.

Actions miraculeuses des Saints: quatre résurrections incontestables. — Une victime échappant au supplice de la corde. — L'enfant ressuscité, l'enfant et le noble rendus à la vie. — Tableau rapide. — Les enfants, objets de la puissante prédilection de saint Louis. — Raison de ces éclatants miracles.

Dans un chapitre précédent, nous avons été édifiés des dernières volontés de saint Louis, et par le portrait que nous avons fait de son physique et de son moral, il a semblé que nous entendions encore son langage; le présent chapitre va nous révéler la puissance de l'action de notre Saint; elle est loin de se manifester toujours à nos faibles regards, soit qu'elle désarme la colère de Dieu, soit qu'elle enchaîne la rage des démons, soit qu'elle répande ses bienfaits sur les hommes. Mais il est des faits saisissants qui sont incontestablement l'œuvre des Saints, du moins en tant qu'instruments de la puissance divine; ce sont les miracles.

Ceux de Louis sont innombrables. La bulle de sa canonisation mentionne six résurrections, dont nous allons rapporter les plus remarquables. Une petite fille de deux ans avait succombé à la violence d'une fièvre qui l'avait tourmentée pendant deux mois. Son père eut recours à saint Louis, et fit vœu de lui offrir une statue de cire, s'il obtenait la résurrection de sa fille; l'enfant rendue à la vie se jeta aussitôt dans les bras de sa mère.

Un petit garçon de cinq ans était mort, dévoré aussi par les ardeurs d'une fièvre continuelle. Le père fit vœu à saint Louis, et l'enfant revint à la vie.

Après une fièvre incessante de trois semaines, une petite fille de sept ans avait rendu le dernier soupir; ses parents s'adressèrent à saint Louis, et l'âme de l'enfant vint ranimer son jeune corps.

Un petit garçon, âgé également de sept ans, reposait à côté de ses parents; un jour, on le trouva glacé par la mort; les auteurs de ses jours firent un vœu à saint Louis, et le ciel le rendit à la vie.

Saint Antoine de Padoue nous a conservé deux miracles du plus haut intérêt opérés par la puissante intercession de saint Louis. Les nobles et les bourgeois de la Pouille, divisés en diverses factions, se faisaient une guerre acharnée : un parti prévalut et les chefs du parti adverse furent chargés de chaînes. Parmi ces derniers, il se trouva un noble personnage tellement odieux aux vainqueurs, à cause de ses nombreux méfaits, qu'au lieu d'accepter sa rançon avec celle des autres, on décida qu'il serait mis à mort; la victime, qui devait périr par le supplice de la corde, implora la protection de saint Louis, avec une grande abondance de larmes et tout l'élan de son cœur, faisant vœu d'accomplir diverses œuvres en son honneur, si elle avait le bonheur d'échapper à la mort. On le conduit au supplice, on l'élève à la potence; déjà le patient était suspendu, la corde au cou. Soudain cette corde se brise et il tombe à terre sans éprouver aucun mal; on prend une corde plus forte, une corde dont les nœuds terribles doivent nécessairement l'étrangler, elle se rompt également. On recourt à une troisième, qui n'a pas un meilleur sort. Tous les spectateurs sont stupéfaits. Le noble personnage, voué à ce supplice, dit alors : Vous travaillez en vain ; saint Louis à qui je me suis recommandé, m'a pris sous sa protection. Les ennemis renoncèrent à leur cruelle résolution, et lui rendirent la liberté. L'heureux protégé de Louis accomplit fidèlement ses vœux ; il visita le sanctuaire qui lui était dédié, et pour sa gloire, ainsi que pour celle de Dieu, il raconta partout cette merveilleuse délivrance.

Voici l'autre fait, rapporté par le même auteur, à la suite d'un vœu fait en l'honneur de saint Louis. Un noble marseillais et sa femme avaient obtenu un fils depuis longtemps désiré, mais, comme ils n'accomplissaient pas leurs promesses, le Seigneur voulut montrer qu'il était offensé par leur infidélité à remplir la promesse qu'ils avaient faite. Parvenu à l'âge de sept ans, l'enfant se trouva en proie à une violente maladie. Alors les parents adressèrent de brûlantes supplications à saint Louis, implorant son secours, s'accusant d'ingratitude, confessant leur infidélité, faisant vœu d'accomplir sur le champ les obligations qu'ils avaient contractées envers le Seigneur, et promettant de faire bien d'autres choses encore, si le Saint daignait conserver la vie à leur fils; mais il rejeta leurs vœux, dans le but de punir leur ingratitude et de faire éclater sa puissance par un miracle supérieur à celui qu'on lui demandait; l'enfant mourut. Vainement les parents que l'affliction avaient jetés dans une sorte de délire, demandèrent, par des larmes et par des cris incessants, la résurrection de leur fils; déjà ils se préparaient à le conduire à la tombe, et cependant, pleins de confiance aux mérites du Saint, ils ne cessaient de demander la faveur tant souhaitée; mais comme après une longue attente accordée à la pitié qu'inspiraient ces parents, l'enfant ne revenait pas à la vie, on dût enfin l'emporter à l'Église pour l'inhumer. Les parents suivirent le convoi, en invoquant, à grands cris, le saint thaumaturge. L'office achevé, on se disposait à l'inhumation, lorsque l'enfant revint à la vie, reprochant aux auteurs de ses jours d'avoir négligé l'accomplissement de leur vœu. Alors les parents le portèrent au tombeau de saint Louis, pour accomplir intégralement leurs promesses et témoigner de leur gratitude, en retour d'un si grand bienfait.

Wadding raconte qu'en l'année 1298, deux résurrections frappantes furent opérées. Un cavalier provoquant deux champions appelés Marcien et Marc, lança son cheval à toute bride. Dans l'impétuosité de son élan, le coursier renverse un enfant qu'il rencontre fortuitement sur son passage, le foule aux pieds et le laisse sans vie. A cette déplorable catastrophe, le cavalier s'élance à terre et prend dans ses bras l'enfant tout broyé par les pieds du cheval, puis il se met à implorer avec larmes l'intercession de saint Louis ; sur le champ, l'enfant est rendu à la vie, aussi plein de santé que s'il n'eût jamais éprouvé aucun mal.

Un noble personnage venait de monter à cheval, lorsque saisi d'un vertige soudain, l'animal s'effarouche, traîne à travers des rochers escarpés son cavalier embarrassé dans l'étrier, le foule, le déchire, le laisse sur place. Les parents et ses serviteurs le trouvent sans vie ; trois jours après, on le portait en terre, lorsqu'il revint à lui, ne conservant aucune cicatrice de ses nombreuses blessures ; c'était encore l'effet de la puissante intercession de saint Louis.

Nous ne suffirions pas à la tâche, s'il nous fallait raconter tous les faits miraculeux qui se sont produits par l'intercession de notre glorieux Saint. Bornons-nous à en présenter un tableau rapide.

Que d'enfants morts avant de naître ou ravis à la

lumière, aussitôt après leur naissance, ou enlevés plus tard par de violentes maladies, à Toulouse, à Marseille, et surtout à Brignoles, ont recouvré la vie par l'effet de l'intercession de saint Louis. Aix, Arles, Avignon, Carpentras, Sisteron et les villes précitées, ont reçu et reçoivent encore, par des guérisons merveilleuses et humainement inespérées, des preuves sans nombre de sa protection.

Du reste, les manifestations éclatantes du ciel en l'honneur de notre illustre Saint, n'ont rien qui nous étonne; pour Dieu, il s'était dépouillé de tout, et Dieu lui a tout rendu au centuple, en faisant son nom si illustre parmi les hommes. C'est la réalisation parfaite de cet oracle tombé de la bouche du Divin Maître : « Quiconque aura quitté sa maison, ou son frère, ou ses sœurs, ou son père ou sa mère, à cause de moi, recouvrera le centuple et possèdera la vie éternelle; » et cet autre : « En vérité, je vous le dis, celui qui croit en moi, fera les œuvres que je fais et en fera de plus grandes. »

CHAPITRE DIX-HUITIÈME.

Puissance miraculeuse des Saints. — Usage de leurs membres rendus aux perclus. — Mutisme, cécité, surdité, goutte, etc., parfaitement guéris. — Aliénés rendus à la raison. — Délivrances miraculeuses: le roi Denys, la femme de Brescia, les sauterelles de la vieille Castille. — Le négociant et la bourse au sein d'une tempête. — Empire de la sainteté.

Le Sauveur dit un jour à ses apôtres, voici les miracles que feront ceux qui croiront en moi : « Ils chasseront les démons, ils parleront de nouvelles langues, ils prendront en main les serpents, et s'ils boivent quelque poison mortel, il ne leur fera aucun mal; ils imposeront les mains aux malades, et les malades seront guéris *(Marc, 16-18).* » Le miracle est l'effet de la foi, le témoignage de la sainteté, le reflet de la gloire. Saint Louis a opéré d'innombrables miracles; c'est donc parce que sa vertu a été parfaite sur la terre, que son crédit est puissant dans les cieux, et parce qu'il a pratiqué toutes les vertus, il est revêtu, ce semble, de la toute puissance du ciel, pour guérir les infirmités de la terre. Voici des faits encore :

Depuis quinze ans, Constantin Mérary était privé de l'usage d'une main et d'un bras violemment retournés derrière le dos. Il prie au sépulcre du Saint; un craquement se fait entendre dans le membre malade, et le voilà guéri! Un enfant de cinq ans, avait depuis sa naissance, les pieds horriblement déformés; sa bonne mère fait un vœu le jour anniversaire de la mort de saint Louis, et elle est aussitôt exaucée.

Quatre autres personnes recouvrent également l'usage de leurs pieds et de leurs mains; deux autres obtiennent la guérison d'une douloureuse hernie, causée par divers accidents.

Une femme d'Alençon, nommée Béatrix, était atteinte d'épilepsie; depuis deux ans, et deux à trois fois par semaine, elle éprouvait d'horribles accès; déjà, mais toujours inutilement, elle avait imploré l'intercession de plusieurs saints, et une sorte de désespoir avait fait place à l'espérance; or, il arriva que des Frères Mineurs, passant par cette ville, apprirent la maladie de cette pauvre femme, et lui inspirèrent une pieuse confiance au crédit de saint Louis. Là-dessus, son mari la recommanda à ce Saint; à peine a-t-il formé son vœu, que l'épileptique est radicalement guérie; cette femme, son mari et plusieurs autres témoins ont affirmé le fait avec serment.

Voici deux autres miracles tirés de la bulle même de la canonisation. A la suite d'une couche très-douloureuse, une femme éprouvait, depuis deux ans, aux mains, aux pieds et à plusieurs autres parties de son corps, des contractions cruelles. Elle fit vœu à saint Louis que si elle avait le bonheur de guérir, elle balayerait l'Église où reposaient ses reliques ; puis elle s'endormit ; et lorsqu'elle se réveilla, elle était complètement guérie. Un accès de paralysie avait subitement ravi à une autre femme l'usage de la parole, ainsi que celui de l'un de ses bras ; cette double infirmité durait depuis un mois, lorsqu'un vœu émis par la mère de la malade, lui rendit aussitôt sa santé première.

Trois personnes travaillées des douleurs de la goutte dûrent la fin de leurs souffrances à la puissance de notre Saint. Un homme, appelé Jacques, éprouvait à l'oreille gauche une surdité si cruelle qu'il lui semblait entendre tous les habitants de la ville chanter à ses côtés ; un vœu fait en l'honneur de saint Louis le délivra de son mal. Poncius de Fréjus était frappé depuis quatre ans d'une cécité qu'aucun remède ne pouvait guérir ; un vœu intéressa saint Louis en sa faveur, et il fut également délivré. En 1426, Henri de Zichem venait de prêcher sur la vie et les miracles de saint Louis sur une place de Louvain ; or, Henri de Zichem et Catherine, son épouse, avaient un fils muet depuis six ans ; frappés de ce qu'ils avaient ouï dire des miracles de saint Louis, ils firent vœu d'offrir deux cierges au Saint, si leur enfant recouvrait la parole dans un temps déterminé. Après cette promesse, leur fils entendit et parla parfaitement; car, jusqu'alors, il était sourd-muet. Un habitant de Marseille, nommé Jean, avait une fille de onze à douze ans, atteinte de folie, et, ce qui était plus fâcheux encore, elle paraissait possédée du démon; car ses paroles et ses actions renfermaient quelque chose de si monstrueux, que souvent il fallait la lier. Le père recommanda son enfant à saint Louis, et elle fut délivrée de toutes ses tortures. (Les faits qui précèdent sont tirés de la bulle de la canonisation et de la collection du P. Arold, ainsi que du manuscrit de Pierre Calat et du commentaire de Sédulius.)

L'auteur contemporain parle encore de la guérison de huit aliénés, dont la plupart portaient la fureur jusqu'aux excès de la rage : l'un rongeait le bois, la pierre et tout ce qui lui tombait sous la main; l'autre, c'était une femme, vomissait d'horribles blasphèmes contre Dieu et courait çà et là, armée de bâtons et de pierres, insultant et battant tous ceux qu'elle rencontrait; celui-ci déchirait ses vêtements et son visage, en prononçant des paroles qui révoltaient la pudeur; celui-là foulait aux pieds la nourriture qu'on lui présentait, sans en prendre la moindre parcelle; ici, c'était un fils qui mordait son père et commettait mille horreurs; là, une fille qu'il fallait enchaîner pour éviter de fâcheux accidents, etc., etc... Tous ces malades, grâces aux prières et aux vœux de leurs parents, obtinrent par le crédit du puissant thaumaturge, la délivrance des cruelles infirmités dont ils étaient atteints. Le même auteur parle encore de quatre aveugles, d'un muet, d'un sourd, de trois personnes en proie à des fièvres dévorantes ou à d'autres maladies quelconques, remises par l'intercession du Saint, en possession de la santé et du libre usage de leurs sens.

Tantôt le glorieux protecteur délivre du feu saint Antoine, aujourd'hui connu sous le nom d'érésipèle; tantôt il dissipe de cruelles humeurs qui ôtaient à un jeune homme l'usage de ses jambes; tantôt il guérit un tubercule dont la rapide croissance causait de bien vives douleurs.

Denys, roi de Portugal, eut pour épouse Élisabeth d'Aragon, cousine de notre Saint, dont elle aimait sans cesse à rappeler les miracles, même en présence de son époux, qui n'y ajoutait aucune foi. Un jour que le roi était à la chasse, dans une forêt voisine, un ours s'élance sur le monarque, alors isolé de sa suite, le saisit par le milieu du corps et le précipite de son cheval; le péril était imminent. Denys, quoique un peu tard, invoqua le secours de saint Louis; aussitôt Louis apparaît au monarque, revêtu de l'habit monacal et la mitre en tête. Quelle difficulté vous arrête, lui crie-t-il, tirez votre épée, et tuez cet ours. Denys reprend courage, sa main s'arme d'un poignard qu'elle plonge dans l'épaule gauche du monstre. L'ennemi ainsi terrassé, il remonte à cheval et regagne ses gens à l'instant. Pour perpétuer le souvenir d'un secours si évidemment miraculeux, Denys dédia une chapelle à saint Louis sauveur. (Wadding et Arold rapportent ce fait.)

Dans la ville de Brescia (en Lombardie), on lançait des flèches vers un but déterminé, lorsque vint à passer une femme pleine d'une tendre dévotion à saint Louis ; une flèche lui fait une si cruelle blessure, qu'à l'instant même, elle tombe sans force et sans voix. Aussitôt elle invoque saint Louis par une fervente prière ; alors dans une sorte de ravissement extatique, elle voit venir à elle un Frère Mineur ayant une mitre épiscopale à la tête et qui, après avoir fait sur elle le signe de la croix, extrait la flèche ; et cette femme se trouve aussitôt guérie, sans qu'il reste même aucune trace de sa blessure. (Ce récit est rapporté dans un manuscrit d'Arold.)

Dans la vieille Castille, des nuées de sauterelles se répandaient dans les campagnes comme un fléau de Dieu. On fait en l'honneur de saint Louis, dont le souvenir était tout récent, le vœu de lui offrir annuellement un cierge du poids de vingt-cinq livres. Le lendemain, l'homme de Dieu, revêtu de ses ornements pontificaux, apparut à plusieurs personnes, bénissant les campagnes et chassant les sauterelles. En retour de ce bienfait (dit Wadding, qui rapporte ce fait), on lui offrit, pendant vingt ans, le cierge promis; plus tard, avec l'assentiment des Frères Mineurs, dans l'église desquels ce don devait être offert, on commua le vœu. Une chapelle fut élevée à saint Louis, et sa fête y fut célébrée tous les ans.

De riches négociants venaient de Marseille; tout-à-coup éclate une tempête, qui met le vaisseau en péril; on s'empressa de jeter les marchandises à la mer; tous, matelots et passagers, effrayés à l'aspect de la mort, s'écrient de concert : Saint Louis, saint Louis, secourez-nous; ils font vœu de jeûner la veille de sa fête, de visiter son tombeau ou son église, de faire des offrandes en son honneur; le plus riche de ces négociants promet de donner en l'honneur de saint Louis, s'il échappe à la mort, la moitié des richesses perdues ou conservées; et aussitôt après ce vœu, le calme succède à la tempête. Arrivé au port, le négociant trouva toutes ses marchandises jetées par les flots sur le rivage, à l'exception de sa bourse et de son argent. Il accomplit, autant qu'il est en lui, le vœu qu'il a fait, mais en regrettant de ne pouvoir offrir à l'église de saint Louis la moitié de la somme perdue, lorsque, passant sur le marché, il achète un magnifique poisson, dont il fait cadeau au couvent des Frères Mineurs;

le père gardien est mis au courant de tout ce qui s'est passé ; soudain, tandis que par son ordre, le cuisinier vide le poisson, une somme considérable s'offre à ses regards ; informé de cette aventure, le père gardien questionne le négociant pour savoir la quantité et l'espèce de monnaie qu'il a perdues. O prodige! c'est exactement la somme dont il déplorait la perte ; le négociant se hâte d'acquitter envers saint Louis la dette de la reconnaissance. (Voyez le manuscrit du P. Arold et l'auteur contemporain.)

Outrée de voir et les dévots serviteurs et les riches offrandes offertes au tombeau de saint Louis, une personne de Marseille, nommée Gonfride, osa, dans un dépit insensé, vomir ces affreux blasphèmes: les Frères Mineurs, voulant avoir un moyen de faire provision de cierges et d'offrandes, ont proclamé ce moine-là, un Saint à miracle. Eh bien! moi, je n'y crois pas. Ce n'est pas de sitôt que je ferai aucun don, que je lui rendrai aucun honneur ; à ces mots, pleine de mépris pour le saint Évêque, elle leva contre son tombeau une main sacrilége. Les reproches de ses parents ne l'empêchèrent pas d'ajouter à cela un torrent de malédictions. Mais, bientôt rentrant en elle-même, elle craignait que Louis ne la châtiât, s'il était dans la gloire. Si, dans trois jours, dit-elle, j'éprouve avec la privation de la vue, un horrible mal de tête qui m'empêche de dormir, alors je croirai que Louis est véritablement un Saint. Dès le matin du troisième jour, les yeux, sortant presque de leur orbite, lui causaient une horrible douleur, et sa tête, violemment contournée, faisait de sa personne une difformité monstrueuse. Éclairée par ces cruelles tortures, cette femme impie confesse son péché, fait un vœu à saint Louis, qui la délivra de son mal; cependant, elle perdit l'œil droit. (Récit de l'auteur contemporain.)

Désormais, avait dit un autre incrédule, les autres saints ne seront plus rien; celui-ci va tout faire. Aussitôt sa bouche impie, affreusement contournée, lui refuse l'usage de la parole; le repentir de son impiété put seul rétablir le blasphémateur dans son premier état. L'auteur contemporain ajoute à ce récit un trait analogue, et montre par là avec quel humble respect, quelle pieuse confiance, quelle tendre dévotion, on doit traiter les amis de Dieu.

Cette leçon est bonne pour un siècle d'indifférence et d'incrédulité, comme le nôtre; sachons donc que les Saints partagent l'empire avec le Seigneur, et qu'un jour, suivant l'Esprit-Saint, ils jugeront le monde. *(I. Corinth. 6-2.)*

CHAPITRE DIX-NEUVIÈME.

On sollicite près du Saint-Siége la canonisation de saint Louis. — Travail, à ce sujet, de Boniface VIII, de Benoît XI et de Clément V. — Jean XXII canonise le pieux Évêque de Toulouse. — Bulle du Saint-Siége ; fêtes et faveurs spirituelles. — Diverses lettres de Jean XXII. — Situation unique de la mère de saint Louis. — Magnifiques félicitations adressées à cette heureuse mère par le Souverain Pontife. — Glorification de la vertu par le ciel et par l'Église. — Erreurs des impies relativement aux Saints.

Saint Louis avait opéré des miracles sans nombre. La vertu surnaturelle accordée à ses saintes Reliques était incontestable. Le bruit de sa sainteté remplissait le monde, et les âmes étaient délicieusement attirées à son culte par le doux parfum de ses vertus.

Alors les habitants de Toulouse et des cités voisines supplièrent le pape Boniface VIII d'inscrire au catalogue des Saints, le glorieux thaumaturge ; le Souverain Pontife connaissait parfaitement la vie et la sainteté de Louis, soit pour en avoir été le témoin oculaire, soit pour en avoir entendu parler par des personnages dignes de foi. Cependant, pour ne pas donner prise à la malveillance, il différa la canonisation du saint Prélat. Il craignait qu'on n'attribuât une démarche trop empressée à des considérations de naissance et de fortune, plutôt qu'aux mérites de Louis. Bientôt Boniface quitta la terre, et laissa l'œuvre inachevée à son successeur Benoît XI. Celui-ci, à son tour, ne vécut pas assez pour remplir cette tâche. A peine Clément V l'eût-il remplacé sur le siége apostolique, que diverses députations de la Gaule Narbonnaise vinrent le conjurer de reprendre cette affaire. Par le conseil des cardinaux, Clément chargea deux évêques de prendre sur la vie et les miracles du saint Prélat les informations les plus consciencieuses. Après avoir exécuté scrupuleusement les ordres qu'ils avaient reçus, les délégués apostoliques adressèrent au Saint-Père, sur ce sujet, un rapport très-circonstancié ; l'affaire fut ensuite soumise à l'examen attentif des cardinaux. La mort du Pontife vint interrompre ce travail. Heureusement il eut pour successeur Jean XXII, autrefois le confident de Louis et le directeur de ses études ; il l'avait même assisté à ses derniers moments. Aussi connaissait-il mieux que tout autre la haute perfection où Dieu l'avait élevé ; un de ses premiers soins, en prenant le gouvernement de l'Église, fut de reprendre les préliminaires de la canonisation. (Voyez l'*Histoire de l'Église Gallicane*, par Longueval.) Il ne doutait pas que la divine Providence ne lui eût réservé cette pieuse tâche, par la raison qu'il connaissait dans tous leurs détails, la piété et les mœurs, les discours et les actions, la vie et la mort du vénérable serviteur de Dieu; toutefois, pour éviter jusqu'à l'apparence de la précipitation dans cette affaire, Jean XXII fit reprendre, en sous-œuvre, par les cardinaux, le scrupuleux examen des vertus et des miracles de Louis. La procédure commencée sous Boniface VIII et poursuivie par Benoît XI, puis sous Clément V, touchant à son terme, sur le conseil et avec l'assentiment de tous ses frères les cardinaux et de tous les prélats de la cour pontificale, dont le séjour était alors à Avignon, Jean XXII, au milieu d'une pompeuse solennité, mit au nombre des saints confesseurs le Bienheureux Louis, évêque de Toulouse; c'était le 7 avril 1317, la première année de son pontificat. (Ainsi rapporté par l'auteur contemporain et Martin de Fulde.)

Le Souverain Pontife s'exprime ainsi, dans la bulle de la canonisation: « Parce qu'il convient
« que le monde honore celui que le Seigneur glo-
« rifie dans les cieux, Nous avons fait prendre
« d'exactes informations sur la sainteté et l'authen-
« ticité de ses miracles. Après des perquisitions
« intelligentes, un mûr examen, une discussion
« solennelle, cédant aux humbles et dévotes sup-
« plications de tous les prélats qui entourent le
« siége apostolique, nous avons résolu le 7 avril
« de le mettre au nombre des saints Confesseurs.

« C'est pourquoi nous vous avertissons tous, et
« nous vous ordonnons de célébrer pieusement et
« solennellement en son honneur, le 19 août, la
« fête d'un confesseur-pontife, et pour redoubler
« encore l'affluence du peuple chrétien à son admi-
« rable tombeau, pour ajouter à l'éclat et à la so-
« lennité de ce saint Confesseur, nous accordons
« à tous ceux qui, étant vraiment contrits et s'étant
« confessés, s'approcheront solennellement et res-
« pectueusement de sa tombe le jour de sa fête,
« afin d'invoquer sa protection, deux ans et deux
« quarantaines d'indulgence ; à ceux qui la visite-
« ront annuellement, pendant l'octave de sa fête,
« un an et une quarantaine.

« Donné à Avignon, le 7 avril 1317, la 1re année
« de notre pontificat. »

Par une autre bulle du lendemain, c'est-à-dire du 8 avril, une indulgence de 7 ans et 7 quarantaines est accordée à ceux qui visiteront le tombeau de saint Louis, le jour de sa fête, qui devait, pour la première fois, se célébrer en son honneur, cette même année 1317.

Le Pape écrivit encore, à cette occasion, aux princes et aux princesses qui avaient des liaisons étroites de parenté avec le saint Évêque de Toulouse. C'était pour les associer à la joie d'un si grand événement. Il écrivit à Marie, veuve de Charles II, reine de Sicile et mère de notre Saint ;

au roi Robert, son frère, ainsi qu'à son épouse, à Philippe, prince de Tarente, fils de Charles II et frère du Saint; à Philippe, roi de France et de Navarre, et à Clémence, son épouse; ces deux dernières reines étaient sœurs du saint Évêque de Toulouse; enfin, il écrivit à Blanche, duchesse de Bourgogne, sa cousine, et à Jeanne, reine d'Arménie, sa nièce.

On lira avec bonheur la lettre adressée par le Saint-Père à la mère du jeune Saint, qu'il venait de canoniser. Personne ne dût être plus sensible qu'elle, à la canonisation de son fils.

« Célébrez, ma fille, un joyeux festin avec les
« azymes de la sincérité et de la vérité. Oui, il
« convient de vous réjouir dans le Seigneur, parce
« que votre fils, jadis mort au monde, a mérité de
« vivre pour Dieu, au sein du bonheur, et d'habiter
« dans les tabernacles du Seigneur, devenu le
« concitoyen des esprits célestes et l'habitant des
« régions éthérées. Tressaillez, et faites éclater vo-
« tre pieuse allégresse, en songeant que vous avez
« donné le jour à un ange terrestre, maintenant
« associé à la gloire des anges. Félicitez-vous, dans
« les transports de la joie, d'avoir enfanté sur la
« terre un fils qui, en vous couvrant de son patro-
« nage du haut des cieux, vous assure une puis-
« sante intercession auprès de Dieu, et une solide
« gloire aux yeux des hommes. Ce fils de vénérable

« mémoire, c'est Louis, évêque de Toulouse, que
« Dieu, toujours admirable dans ses saints et tou-
« jours glorieux dans ses œuvres, a honoré dans
« sa bonté infinie, de la puissance des guérisons,
« du don des prodiges, de l'éclat des miracles,
« parce que, dans les diverses situations de la
« grâce, comme de la gloire, il s'est graduellement
« élevé jusqu'au plus haut des cieux, lui que le
« Roi du ciel lui-même a résolu de glorifier
« dans la patrie, de telle sorte qu'il siége sur le
« trône du souverain bonheur, environné, comme
« d'un vêtement royal, de la lumière des célestes
« splendeurs, et couronné du diadème de l'éter-
« nelle gloire. Nous, en considération de ses écla-
« tants mérites, et de l'avis unanime de nos frères
« les prélats de notre cour, nous venons de le met-
« tre au nombre des Saints, le jeudi, 7 avril, après
« la résurrection du Sauveur; heureux de faire
« déposer à ses pieds par tous les fidèles du monde
« catholique, l'hommage d'une juste vénération,
« ainsi qu'un tribut de félicitations empressées et
« d'éternelles louanges. Ce n'est pas sans raison
« que nous avons choisi le temps pascal pour cette
« cérémonie. Nous voulions que la joie et l'éclat
« d'une si grande fête ajoutassent encore à l'allé-
« gresse et à la splendeur d'une si pompeuse sol-
« lennité. C'est donc, à juste titre, ma fille, que
« votre cœur doit se délecter dans le Seigneur;

« votre âme se délectera en Dieu votre Sauveur, et
« toute votre personne témoignera au Très-Haut
« votre juste gratitude, de ce que, par une heu-
« reuse fécondité, il vous a donné un fils si saint,
« et de ce que, en vous accordant ce noble gage,
« il vous a généreusement prévenu des bénédic-
« tions de son infinie miséricorde. Courez, nous
« vous en conjurons, à l'odeur des parfums, de
« votre bienheureux fils; redressez vos voies;
« adonnez-vous aux bonnes œuvres; ne négligez
« rien pour mériter de le suivre dans les cieux. S'il
« vivait encore, la tendresse maternelle vous en-
« traînerait sur les pas de son pèlerinage. Comment
« ne voleriez-vous pas actuellement à sa suite au
« céleste royaume! Donné à Avignon, le 9 avril
« 1317. » (Wadding, an de J.-C. 1317.)

Cette lettre fut suivie d'une autre que le Pape adressa, le même jour, au roi Philippe-le-Long; Jean XXII y compare les deux saints Louis, l'un à l'autre; l'un, roi de France, l'autre, évêque de Toulouse; le premier, sanctifié par le sceptre et la couronne, le second, par le renoncement au sceptre et à la couronne; tous deux de la même maison, tous deux arrivés au même bonheur par différentes voies de sainteté. Ce sont des exemples domestiques que la bulle propose au roi. *(Histoire de l'Église Anglicane.)*

Ces saintes leçons regardent tous les enfants de

la grande famille catholique; comme Dieu, doivent-ils se dire, récompense magnifiquement la vertu! En dédommagement de quelques humiliations passagères, un splendide, un éternel triomphe! Pour prix du dépouillement volontaire, la possession d'immenses et impérissables trésors; en retour des souffrances de la terre, l'enivrement des pures, des ineffables délices du ciel!

C'est l'Église, organe de la vérité divine, qui proclame, à la face du monde, la victoire de ses nobles fils; c'est elle qui leur met la palme à la main, leur dresse des autels, leur offre de l'encens, des vœux, des hommages; c'est elle qui leur décerne d'admirables louanges dans un style qu'une majesté calme et douce, unie aux élans d'un pieux enthousiasme, élève infiniment au-dessus des paroles de l'homme.

Quelle mère sut jamais mieux encourager ses enfants? Quelle reine mieux récompenser les héros qui se sont dévoués à sa gloire? C'est la véritable apothéose de la vertu, parce que les fidèles adorateurs ont tout sacrifié à la cause de Dieu; voilà que Dieu les a faits rois, et ils règneront au ciel et sur la terre. Il les a couronnés d'honneur et de gloire, il a tout mis sous leurs pieds.

Malheur à ceux qui ne portent pas sur cette terre une sainte envie à la gloire des saints dans le ciel, et qui ne font rien pour entrer un jour en possession de cette gloire. Plus tard, en voyant de loin les saints qui en sont investis, ils diront dans l'angoisse de leur esprit: Voilà ceux que nous tournions en dérision, et dont nous nous faisions un objet d'outrages! Insensés, nous estimions leur vie une folie, et leur fin un opprobre, et les voilà comptés parmi les fils de Dieu, et leur partage est entre les Saints! Nous avons donc erré hors de la voie de la vérité, et la lumière de la justice n'a pas lui à nos yeux! Nous nous sommes lassés dans la voie de l'iniquité et de la perdition, et nous avons marché par des voies difficiles, et nous avons ignoré la voie du Seigneur. A quoi nous a servi l'orgueil? Que nous a procuré l'ostentation des richesses? Toutes ces choses ont passé comme l'ombre. Voilà ce que diront en enfer ceux qui ont péché, parce que l'espérance du pervers est comme la poussière que le vent emporte; mais les justes vivront à jamais: près du Seigneur est leur récompense, et leur pensée près du Très-Haut. C'est pourquoi ils recevront le royaume d'honneur et le diadème de la gloire de la main du Seigneur. *(Sag, 5, 3, 4, 5, 6, 7, 8, 9, 14, 15, 16, 17.)*

CHAPITRE VINGTIÈME.

Première translation du corps de saint Louis, miracles qui l'accompagnent. — Il est transporté à Valence, en Espagne. — Guérison du Dauphin, dévotion des rois. — Les deux négociants. — Étonnant miracle des lys azurés. — Malaga sous le patronage de saint Louis. — Fastes sacrés; Fêtes et offices. — Hymne charmante. — L'immolation glorifiée.

Le XIVme siècle était trop éminemment chrétien pour ne pas comprendre, mieux que les époques d'impiété, et tout ce qu'il devait d'hommages à saint Louis, et tout ce qu'il pouvait en obtenir de faveurs.

La famille de cet illustre Saint donna l'exemple. Depuis environ vingt ans, le corps de saint Louis était resté inhumé dans le chœur de l'église des Cordeliers de Marseille. Le 9 novembre 1317, en présence de quatre cardinaux envoyés par le Saint-Père, de quelques évêques, de Robert, roi de Sicile et frère de saint Louis, de la reine son épouse, de la reine de France, de plusieurs autres princes et d'une noblesse considérable, au milieu d'une multitude innombrable de peuple qui venait offrir au saint Confesseur ses vœux et ses offrandes, on exhuma les précieuses dépouilles, et on les renferma dans une châsse d'argent, artistement travaillée, qu'on plaça au-dessus du maître-autel, en rendant au bienheureux corps, avec une magnificence vraiment royale, tous les devoirs que réclamaient l'éclat de sa naissance et l'éminence de sa sainteté. (Wadding prétend qu'on fit cette cérémonie la nuit, pour n'être pas inondé, dit-il, par les flots d'une multitude désordonnée et tumultueuse ; l'auteur contemporain et autres l'affirment positivement.) Pendant leur exhumation, les saintes Reliques exhalèrent la plus suave odeur, et bien qu'elles fussent sous terre depuis environ vingt ans, on trouva le cerveau aussi bien conservé et aussi frais que si le saint Évêque eût été encore vivant ; à cet étonnant prodige, tous les spectateurs saisis d'admiration, se mirent à glorifier Dieu. Le roi Robert reçut la tête entre ses mains, demanda qu'elle lui fût donnée, et lorsqu'il fut arrivé à Naples, il la renferma dans une magnifique statue d'argent, ornée d'or et de pierreries, qu'il avait fait exécuter en l'honneur de son saint frère, avec un art, dit Wadding, vraiment surprenant. Lors de cette translation, cinq résurrections et la guérison d'une grande quantité de malades firent éclater de nouveau la gloire du saint Évêque.

(Rodolphe.— Pierre Natal. — Les leçons de l'office de saint Louis, imprimé à Naples, en 1526, à l'usage des Frères Mineurs, racontent en détail les cérémonies et les précautions avec lesquelles s'effectua la levée du bienheureux corps; puis elles parlent de la distribution des saintes Reliques; le Pape, l'église de Toulouse, les rois et les princes de la maison de France et de Sicile, la ville de Brignoles, elle-même, en reçurent des portions en rapport avec leurs dignités. Malheureusement, l'auteur contemporain et Wadding ne disent rien de tout cela. Le savant Pinius avoue même qu'il ne sait à quelle source l'auteur de ces leçons a puisé ces divers détails ; aussi, je n'en fais que l'objet d'une note sommaire.)

En 1423, Alphonse V, roi d'Aragon, revenant de porter la guerre dans le royaume de Naples, qu'il réclamait en vertu de l'adoption de la reine Jeanne II, avait vu la tempête jeter sa flotte sur les côtes de Marseille, qui était soumise à Louis III, duc d'Anjou, devenu son compétiteur, parce que la reine Jeanne avait révoqué l'adoption du premier, pour lui substituer le second. Le choc entre les deux adversaires fut terrible ; mais enfin Alphonse triompha le 19 novembre. Le vainqueur défendit, par un édit sévère, le pillage et la violence : seules les Reliques du saint évêque de Toulouse, cachées dans une maison, et menacées d'être la proie des flammes, furent le butin que voulut avoir sa royale piété. Les Marseillais, pleins de foi en saint Louis, évêque, les ont souvent réclamées. Alphonse cin-

glait vers l'Espagne avec ce précieux trésor, à l'exception d'un bras qui échappa aux recherches, lorsqu'une violente tempête ayant éclaté, les matelots demandèrent qu'on jetât dans les flots le dépôt qui causait, selon eux, le péril dont ils étaient menacés. « Le Saint Prélat, répondit le roi, me con-
« duira sans danger ou m'entraînera avec lui au
« fond des abîmes ; je ne séparerai pas de ma per-
« sonne un objet que je place au-dessus des dé-
« pouilles opimes, et que j'ai pris pour ma sauve-
« garde. » Aussitôt les flots s'apaisèrent, et Alphonse porta triomphalement les saintes Reliques dans la principale église de Valence. Les rois d'Aragon attachèrent le plus grand prix à la possession de ce gage chéri. A sa mort, Louis XI, roi de France, avait ordonné la restitution du Roussillon et de la Cerdagne ; Charles VIII, son fils, les offrit à Ferdinand le catholique, à la condition qu'il lui rendrait préalablement les Reliques de saint Louis ; Ferdinand s'y refusa, aimant mieux s'exposer, dit Wadding, qui rapporte le fait, à perdre de vastes domaines, que de priver son peuple d'un si précieux trésor.

C'est une preuve que les miracles du saint Évêque avaient répandu, au loin, sa dévotion. En effet, l'Espagne, le Portugal, la France, l'Italie, la Hongrie, la Belgique lui avaient voué un culte spécial. En 1331, Philippe VI, roi de France, ordonna au couvent du Mans de célébrer, chaque semaine, un office solennel en l'honneur de son saint oncle. Le Dauphin, son fils, se trouvait à l'extrémité; Philippe fit vœu de visiter le tombeau de saint Louis et de lui offrir une statue d'argent du poids du malade; dans ce moment, le Saint paraissant à ses yeux, lui annonça que son fils recouvrerait la santé la nuit même. En même temps, il se montrait devant le lit du prince moribond, qu'entouraient alors la reine et une foule de seigneurs et de dames, et lui plaçant les mains sur la tête, il lui disait : Soyez béni de Dieu, et remerciez-le de votre guérison. L'effet suivit de près les paroles. Le roi, accompagné d'un nombreux et magnifique cortége, se rendit à Marseille pour accomplir son vœu, et là, il mit toute sa famille sous le patronage de son bienheureux oncle. (Ainsi le rapportent Frémaut et Marc de Lisbonne; selon quelques-uns, c'est le fils de Philippe V qui a été l'objet de ce miracle.)

C'est par l'effet de la même dévotion que le roi de Hongrie, Charles II, fils de Charles-Martel et neveu de saint Louis, fit construire à Lippe, ville de Transylvanie, un superbe couvent de Frères Mineurs. Ce double exemple fut suivi par Robert, roi de Sicile et de Jérusalem, en 1337, la 28me année de son règne; il ordonna que la première chapelle érigée dans le monastère royal de Saint-Maximin (suivant l'*Histoire Chronologique de Provence*, par

Bouche), serait dédiée au saint Confesseur, et qu'on y célèbrerait son office propre les jours de fête qui lui seraient affectés; il voulut, de plus, que ces mêmes dispositions fussent exécutées dans les autres couvents de la Provence.

Avant de se mettre en mer, deux riches négociants s'étaient recommandés à la protection de saint Louis; survint une violente tempête qui menaça leurs jours d'un péril extrême. Alors ils firent vœu, s'ils échappaient à la mort, de visiter nu-pieds le tombeau de saint Louis, et soudain, la barque dans laquelle ils s'étaient jetés au sortir du vaisseau inondé, fendit les flots écumants et aborda au rivage avec la rapidité de l'éclair; mais nos deux négociants, chargés de leur argent et de plusieurs objets de prix, ne couraient guères moins de péril sur terre que sur mer; les brigands les dépouillèrent de leurs trésors, et les menacèrent de leur ôter la vie; à force de larmes, ils obtinrent quelques minutes pour recommander leurs âmes à Dieu, et pendant cette courte trêve avec la mort, ils implorèrent une seconde fois, la protection du saint Évêque; tout-à-coup, voilà que les brigands saisis d'effroi leur rendent leurs richesses et précipitent leur fuite, comme si une apparition extraordinaire eût jeté l'épouvante dans leurs âmes. Les négociants ayant regagné le rivage pour s'embarquer et revenir dans leurs foyers, retrouvèrent le vaisseau qu'ils montaient

en quittant Marseille, et avec lui, toutes leurs marchandises, aussi bien que les matelots et les passagers qu'ils y avaient laissés. Tous ensemble, ils allèrent, pieds nus, visiter le tombeau de saint Louis, et payer à leur insigne bienfaiteur le juste tribut de leur reconnaissance. (Frémaut et le frère Marc de Lisbonne, nous racontent le trait que nous venons de rapporter; ce dernier auteur est d'une grande autorité; mais son témoignage et celui de l'auteur contemporain nous faisant défaut, nous ne croyons pas devoir, sur la foi du premier biographe, rapporter les merveilleuses apparitions de Louis à une noble veuve de Venise, pour lui ordonner d'établir un couvent et lui en désigner la pierre fondamentale.) Un étonnant miracle, singulièrement propre à recommander la dévotion publique envers notre Saint, est rapporté par Wadding, sous la date de 1298; voici ses paroles :
« Il est un perpétuel prodige, digne à nos yeux, de la plus extraordinaire célébrité. Tous les ans, il se renouvelle avec une évidence incontestable, sur une montagne de la principauté des Asturies, au territoire de la ville de Langas, au diocèse d'Oviédo, en Espagne, dans un oratoire ou chapelle bâtie en l'honneur de saint Louis. Le jour de la fête, le peuple accourt en foule des villes voisines et des hameaux de la montagne. Puis, pendant la célébration des saints mystères, les murs, les portes, les ferre-

ments eux-mêmes se couvrent de belles et charmantes fleurs. Le Saint-Sacrifice achevé, ces fleurs se flétrissent aussitôt. Tandis qu'elles ont encore leur fraîcheur, la piété des peuples les cueille et les met en dépôt pour en faire usage contre diverses maladies. Plus d'une fois, nous dit Wadding, j'ai eu occasion, en Espagne, de m'entretenir de ce prodige avec des témoins oculaires ; leur récit a toujours été parfaitement unanime. Un docte et grave personnage, qui avait fait quatre journées de marche, uniquement pour s'assurer du fait en question, m'en a confié le récit historique, rédigé par la main d'un notaire public, et conforme, en tous points, aux relations des autres témoins. »

Gilles Gonsalve confirme le récit de Wadding par un témoignage absolument analogue. Seulement, aux circonstances que nous venons de rapporter, il ajoute que ces fleurs s'épanouissent d'abord autour de l'autel, pour aller de là revêtir toutes les parois de la pieuse enceinte. Il fixe au 19 août le renouvellement périodique de ce miracle, et affirme que Grégoire VIII en a constaté l'authenticité. Il donne pour garant de son assertion le Père François de Sosa, évêque des Canaries, qui, en sa qualité de général de l'ordre de saint François, l'avait positivement vérifié. (Théâtre Ecclésiastique d'Espagne.)

La dévotion envers saint Louis de Toulouse

n'avait pas encore pris tout son accroissement. En 1487, la ville de Malaga, chef-lieu de la province de Grenade (Espagne), fut reprise sur les Maures par les rois catholiques, le 18 et le 19 août. Les vainqueurs, Ferdinand et Isabelle y firent leur entrée triomphale ; c'était précisément le jour de la fête de saint Louis. Fallait-il déférer à ce Saint le patronage de la cité ou l'attribuer à saint Agapit, dont l'incidence a lieu le 18. Ce fut l'objet d'une discussion dont le résultat ne se fit pas longtemps attendre ; Louis tirait son origine des rois catholiques (la reine Blanche était sa bisaïeule) ; ce fut lui qu'on choisit pour être le patron de Malaga. On voit que les pensées de la foi présidaient à toutes les démarches d'un peuple essentiellement catholique. Pierre de Tolet, le premier évêque de Malaga, à dater de cette glorieuse conquête, voulut que le 19 août, sa ville épiscopale et tout son diocèse célébrassent, à perpétuité, la fête de saint Louis, fils du roi de Sicile. (Ainsi l'affirme Martin de Roa.)

Cependant, le nom de Louis était resté en bénédiction dans la Provence, qui reçut le nom de Province de saint Louis, parce qu'il en était regardé comme le patron tutélaire, dit François Gonzague ; de notables Reliques, détachées du précieux corps, et glorifiées par de nombreux et signalés miracles, avaient répandu et conservé au loin la dévotion envers le petit-neveu du roi saint Louis et de sainte Élisabeth de Hongrie ; aussi les fastes sacrés ont-ils transmis son nom à la postérité. Le Floraire, Du Saussay, Usuard, Arthur, dans son Martyrologe franciscain, etc., célèbrent sa naissance, ses vertus, sa vie et ses miracles. Baronius, dans le Martyrologe romain, en parle en ces termes : « En « Provence, à Brignoles, mort de saint Louis, « évêque de Toulouse, illustre par la sainteté de « sa vie et des miracles ; son corps, transporté de « là à Marseille, fut inhumé avec honneur, dans « l'église des Frères Mineurs. »

Faut-il nous étonner maintenant que sa fête soit célébrée avec tant de zèle dans une grande partie de la catholicité? Robert, frère de notre Saint, composa en son honneur, un office qui fut approuvé par le pape Sixte IV et récité par les religieux franciscains jusqu'au Concile de Trente qui abrogea beaucoup d'offices particuliers pour ramener au rit général. Au propre de l'ordre de saint François, imprimé à Anvers, en 1648, on a consacré à saint Louis un office double, pour célébrer annuellement sa mémoire. Le propre des Saints de l'église de Marseille renferme aussi, en son honneur, un office double, composé de trois leçons propres avec cette oraison : « Dieu qui, par une disposition admira- « ble, éclairez sans cesse votre Église de nouvelles « splendeurs, faites, nous vous en prions, qu'après

« avoir célébré la fête du bienheureux Louis,
« confesseur et pontife, nous méritions un jour de
« partager sa gloire. »

L'Église métropolitaine de Valence (Espagne) avec son diocèse, récite en son honneur, sous le rit double-majeur, l'office de saint Louis, confesseur-pontife. (Voyez le Directoire, imprimé à Valence, en 1720.)

En Espagne, l'ordre de saint François fait l'office de saint Louis, sous le rit double de 2me classe. (Voyez l'office imprimé à Madrid, en 1718.)

Plusieurs anciens bréviaires des églises d'Espagne renferment l'office de saint Louis (qu'on consulte l'auteur de l'*Histoire Chronologique de Provence.)*

M. Goujon, curé de Brignoles, en avait composé un parfaitement disposé, qu'on a récité à Brignoles, depuis que ce digne curé en avait doté sa paroisse, jusqu'en 1851.

Parmi les éloges mis en tête de la vie du saint évêque de Toulouse, publiée par Sédulius et composée par l'anonyme contemporain, qui nous a servi de principal guide dans le présent ouvrage, nous trouvons une hymne, tirée de l'office d'un ancien bréviaire; c'est l'hymne des premières vêpres; elle résume trop bien la belle histoire de saint Louis, pour que je résiste au désir de la donner ici, en finissant :

« Vers le soir de ce monde, le soleil a envoyé
« sur notre horizon un astre radieux, pour faire
« briller à nos regards la lumière des bonnes œu-
« vres. Toujours porté sur les ailes de la grâce
« divine, Louis, dès son enfance, a suivi le soleil
« de justice. Noble rejeton du sang royal, il a mé-
« prisé les droits de sa naissance et a renoncé
« librement à un trône terrestre. Dans les prisons
« de la Catalogne, il a signalé sa patience; toujours
« malgré les rigueurs de la captivité, la joie a
« brillé sur son front. Au milieu de ce long exil, il
« s'est livré à de savantes études, et le Christ a
« illuminé son génie de ses rayons lumineux.
« Rempli de ces divines clartés, il a prêché par-
« tout la divine parole; partout héraut de Dieu,
« il a proclamé solennellement ses merveilles.

« Humble fils de saint François, vierge, blanc
« comme le lys, et prélat à jamais illustre, Louis
« partage maintenant dans les cieux le bonheur
« des Saints.

« C'est ainsi que les afflictions si courtes et si
« légères de la vie présente, produisent le poids
« éternel d'une sublime, d'une incomparable
« gloire. Ne considérons donc point les choses
« visibles, mais les invisibles; car les choses visi-
« bles sont passagères, mais les invisibles sont
« éternelles; quoi qu'il en coûte, tout pour Dieu,
« tout pour le salut; c'est à cette condition

« qu'est la vertu, c'est à ce prix qu'est la récom-
« pense.

« Alors, à une généreuse immolation sur la
« terre répondra une éternelle glorification dans le
« ciel. Ainsi soit-il. »

CHAPITRE VINGT-ET-UNIÈME.

Quelques mots sur le lieu de la naissance, de la mort et des précieuses Reliques de saint Louis. — Utiles leçons que l'on peut puiser dans la lecture des différents traits de sa vie.

Que saint Louis soit né à Brignoles, à part quelques rares exceptions, tous ceux qui ont écrit sur la vie de saint Louis, ont été unanimes pour soutenir cette assertion, confirmée par la tradition; en effet, la ville de Brignoles était le séjour des comtes de Provence, mais surtout de Charles II qui, pendant une grande partie de l'année, habitait le château de la dite ville; elle était le séjour aussi de la mère de notre Saint, qui s'y retirait toujours pour le temps de ses couches.

Inutile d'entrer, à cet égard, dans des discussions; qu'on consulte, au besoin, la *Vie de saint Louis*, écrite par le P. Calixte, citoyen de Brignoles, qui a traité à fond cette question, qu'il a parfaitement résolue, en prouvant d'une manière péremptoire, qu'effectivement saint Louis, évêque de Toulouse, était positivement et certainement né à à Brignoles (édition de 1730, page 224.)

Que notre Saint soit mort à Brignoles, personne ne le conteste et ne peut le contester ; tous s'accordent à dire que le saint Évêque de Toulouse parti de Tarascon, où il avait prêché avec tant de succès le panégyrique de la sainte hôtesse de Notre Seigneur Jésus-Christ, pour se rendre à Rome, arriva le 3 août 1297, à Brignoles, où Charles II, son père, témoin du dépérissement de sa santé, voulut le retenir. Louis, quoique habitué à ne séjourner que dans les couvents de son ordre, dût obéir aux ordres de son père ; ce fut donc dans le château de son père, qu'il fit alors sa résidence ; le lendemain, 4 août, il célébra les saints mystères dans la chapelle royale, avec la ferveur d'un séraphin ; il fut atteint ensuite d'une fièvre très-violente, aux ardeurs de laquelle il se vit obligé de céder, et il succomba le 19 août 1297, n'étant alors âgé que de vingt-trois ans et demi.

Je pense qu'il ne sera pas inutile de donner, ici, un aperçu sur les divers lieux qui ont eu et ont encore le bonheur de posséder quelques-unes des Reliques de saint Louis ; ses ossements sont presque tous à Valence (Espagne), où ils ont été portés en 1429, après le siége de Marseille. Le bras, qui échappa aux recherches les plus actives du roi Alphonse, fut rendu aux Cordeliers de Marseille, qui le possédèrent jusqu'en 1514, époque à laquelle leur couvent ayant été détruit par l'effet des guerres dévastatrices, les Frères Mineurs le confièrent en dépôt, avec tous les joyaux qu'ils possédaient, au chapitre de la Major.

Cette précieuse Relique, qui était alors renfermée dans un bras d'argent, soutenu par trois lions du même métal, pesant en tout trente marcs, fut remise aux Observantins avec une image du Saint, une de ses chasubles et deux de ses dalmatiques.

Par le malheur des temps, cette châsse fut entièrement détruite et remplacée par une châsse de cuivre doré, ornée de divers écussons d'argent, aux armes d'Anjou et d'Aragon; les deux dalmatiques et la chasuble sont conservés dans un reliquaire *ad hoc;* l'étoffe de ces ornements est de couleur violette, toute parsemée de fleurs de lys d'or; on a également renfermé dans le susdit reliquaire, l'original du testament du Saint; son cerveau que l'on trouva bien conservé, avons nous dit précédemment, comme cela fut constaté, lors de la translation des dites Reliques, fut enfermé aussi dans une châsse, en forme de tête mitrée, qui fut donnée, plus tard, au monastère des Clarisses, à Naples. Ces religieuses, pénétrées de vénération pour notre Saint, détruisirent insensiblement son crâne et son cerveau, à force d'en extraire des parcelles dont ces saintes filles usaient, avec parfait succès, pour leur santé, dans leur bouillon et tisane; cette châsse fut, dans la suite des temps, concédée à la ville de Brignoles.

On trouve à Rome, dans l'église d'*Aracœli*, où le Saint avait fait sa profession de Frère Mineur et avait reçu la consécration épiscopale, son bréviaire et un cordon, qui est de chanvre. Dans un couvent situé *Ad Ripam Fluminis*, on trouve une partie du manteau du Saint, ainsi que de son suaire. Dans le couvent de Sienne, on conserve encore précieusement la Bible écrite de la main du Saint et embellie de miniatures. La mitre qui servit au sacre du saint Évêque, fut donnée par le roi Robert, à l'église Métropolitaine d'Aix, où elle demeure exposée le 19 août de chaque année, jour anniversaire de la consécration de cette église; on y expose aussi une chape du Saint, dont se servait autrefois le prêtre qui portait le Très-Saint-Sacrement, le jour de la Fête-Dieu et de son octave.

Les Cordeliers de Toulouse étaient possesseurs d'un calice d'or, d'une dalmatique, dont les orfrois étaient formés par des perles, du manteau, de la tunique et de quelques habits du saint Évêque.

Enfin, nous trouvons à Brignoles, les Reliques suivantes, qu'on y conserve avec une scrupuleuse dévotion :

1° Les Reliques qui se trouvaient dans l'église des Cordeliers de Brignoles, dans la chapelle du Saint, dont le superbe autel avait été construit par M. Jean-Baptiste Clapier, religieux de Saint-Victor de

Marseille. Cette église ou chapelle des Cordeliers, située dans la rue qui en porte le nom, fut vendue pendant la tourmente révolutionnaire de 1792, et les acquéreurs y établirent diverses usines, etc.;

2° Un reliquaire en argent, en forme de bras, que le prêtre officiant porte à la main, avec la plus grande vénération, le jour de la fête de saint Louis, à la procession, et dans lequel se trouve l'once ou phalange d'un doigt du Saint, que la tradition dit avoir été octroyée par le roi Robert, lors de la translation qu'il fit faire de ses précieux ossements, en 1319.

3° Un superbe buste de saint Louis, donné par Mgr Louis Duchaines, originaire de Brignoles et devenu évêque de Sénez. La tradition porte que ce buste fut conservé pendant la Révolution de 1792, par le nommé Coulomb Bridaine (ainsi surnommé, pour le distinguer des autres Coulomb, parce qu'étant né à Brignoles et y ayant été baptisé par un curé, qui s'appelait Bridaine, ledit Coulomb parlait très-souvent de ce vénéré prêtre.)

L'un des fils du dit Coulomb, faisant partie de la bande révolutionnaire, qui ne respectait aucun objet consacré au culte, arrive devant l'autel de saint Louis de Brignoles; il se sent alors saisi d'une frayeur soudaine, et pénétré de vénération pour le buste du saint Évêque de Toulouse, il s'arme de courage, affronte le danger de mort auquel il s'exposait, s'empare du buste vénéré, le transporte, lui-même, dans sa propre maison, et là, le cache dans le grenier à foin; ce buste fut ensuite rendu au culte.

Enfin, dernièrement, il n'y a que quelques années, ce même buste a été restauré et a repris sa première splendeur, grâces à la générosité des habitants de Brignoles. Au piédestal de ce buste se trouve une autre Relique du Saint, couverte d'un verre, et que le peuple baise par dévotion.

4° Deux gants de soie blanche, ayant appartenu au Saint, renfermés dans deux cadres dorés, que le diacre et le sous-diacre portent à la procession, le jour de la fête de saint Louis.

5° Un grand reliquaire (dont nous avons déjà parlé), appelé les saintes Reliques de saint Louis, qui est également porté à la procession le jour de la fête de saint Louis.

Ce reliquaire renferme la chapelle de saint Louis, que le saint Évêque avait léguée au couvent des Cordeliers; elle se compose d'une chape, de deux dalmatiques et d'une chasuble avec son étole; l'étoffe de ces ornements est en drap d'or fleurdelisé, doublé d'un taffetas d'Angleterre et de couleur violette.

Ces quatre Reliques sont placées aux quatre faces du grand reliquaire carré, garni en lames d'argent, ainsi que son couvercle fait en forme de pyramide tronquée ou du pavillon, terminé par une mitre du

Saint encadrée entre deux verres ; aux quatre faces du pavillon, on voit aussi : dans l'une, les ciseaux ; dans une autre, le couteau du Saint ; dans la troisième, son testament roulé, et dans la quatrième, un morceau de ses habits religieux.

6° Dans une petite caisse en bois, on avait renfermé un morceau d'une pantoufle du Saint, large et long d'un doigt environ, et un lambeau d'une tunique.

7° On trouvait aussi dans ce dépôt, une cassette de carton qu'on assure être l'ouvrage des mains du Saint, et qu'on conserve, à ce titre, ainsi qu'un autre meuble qui lui avait appartenu. C'est une cassette bien propre, fermant à clef, en ivoire, ayant un trictrac au-dessus et un damier en-dessous. Toutes ces choses ont été données par Charles II, père du Saint, et par Robert, son frère.

Le culte de saint Louis s'est propagé dans les différentes parties du monde, ainsi qu'on le lit dans l'ouvrage de M. de Ruffi. En 1330, les statuts du diocèse de Tréguier, article 67, font mention de la fête de saint Louis. Dans le diocèse du Mans, on le prit pour patron, à la même époque. Nous avons vu, précédemment, que dans le diocèse de Malaga, Pierre de Tolède, qui en fut le premier évêque, avait réglé qu'à l'avenir et à perpétuité, dans la ville de Malaga et dans tout le diocèse, on ferait fête chômée et solennelle, le 19 août, jour consacré à saint Louis, évêque de Toulouse, ce qui s'observe, à peu près, dans les trois diocèses, voisins de Brignoles : Aix, Marseille et Fréjus.

La mémoire et le nom de saint Louis sont en bénédiction, non seulement à Brignoles, qui l'a vu naître et mourir, mais à Marseille, qui a été le lieu de sa sépulture, ainsi que dans toute la Provence.

Brignoles, privée en grande partie de ses ossements sacrés, ne perdit rien de la vénération qu'elle lui avait vouée, s'estimant très-heureuse de posséder les ornements précités ; elle fut la première ville qui publia ses vertus et ses louanges, et dès que l'Église lui eut décerné les honneurs des Saints, elle lui dressa des autels. On ne connaît pas au juste, en quelle année on y éleva des chapelles en son honneur ; mais on a trouvé que saint Louis avait un autel dans le cloître des Cordeliers, vers le milieu du quatorzième siècle, ainsi qu'il conste par un acte notarié de Pierre Gaufredy, dont les écritures se trouvent aujourd'hui en l'étude de M. Garnier, notaire à Brignoles.

Les pénitents noirs de Brignoles, impatients de voir la ville sous la protection de saint Louis, firent des démarches très-actives auprès du Conseil de la ville, et le 31 décembre 1612, invitèrent les membres dudit Conseil à s'adjoindre à eux pour obtenir l'établissement de la fête de saint Louis, le 19 août de chaque année.

Le Conseil, s'associant à la demande des frères pénitents noirs de la ville, désirant concourir à la bonne œuvre, délibéra, dit le P. Calixte, qu'il fallait supplier les RR. PP. Capucins de donner commission et charge aux Pères qui devaient être députés à Rome pour le chapitre général, de présenter leur requête à Sa Sainteté, aux fins d'avoir la permission de célébrer, à Brignoles, la fête de saint Louis, évêque de Toulouse, le 19 août de chaque année.

Mais l'autorité de l'ordinaire suffisant, l'année suivante, 1643, les frères pénitents obtinrent de la part de Mgr Paul Huraud de l'Hôpital, archevêque d'Aix, des permissions très-amples pour leur chapelle de saint Louis, et enfin, le 25 janvier 1617, après les instances qui lui en furent faites, à diverses reprises, avec un zèle très-louable, le même archevêque d'Aix rendit l'ordonnance suivante :

« Nous..... ayant égard à la requête qui nous
« en a été faite, avons ordonné et ordonnons qu'à
« chaque jour 19me du mois d'août, annuellement
« et à perpétuité, sera faite et célébrée fête chômée
« dans la dite ville de Brignoles et son terroir, à
« l'honneur et service de Dieu et vénération du
« bienheureux saint Louis, évêque de Toulouse,
« décédé audit Brignoles, ce même jour 19 août
« 1297, et à ces fins, tant le peuple, que les prê-
« tres des églises de la dite ville se rendront, le

« le matin, tous les ans, à perpétuité, en l'église
« de Saint-François, pour de là partir en proces-
« sion générale, la faire et continuer aux lieux
« accoutumés, priant la divine Majesté qu'il lui
« plaise élargir et continuer ses grâces pour la con-
« corde entre les princes chrétiens, l'exaltation de
« la Sainte Église et l'extirpation des hérésies, par
« les mérites et l'intercession du bienheureux saint
« Louis.

« Donné à Aix, le 15 janvier 1617.

« Pellicot, vicaire-général.) »

L'usage de la procession à la chapelle des Cordeliers s'est conservé jusqu'à l'époque de la Révolution de 1792; cette église ayant été vendue alors, on s'est borné à faire passer la procession du jour de la fête de saint Louis, par le rez-de-chaussée de la Sous-Préfecture actuelle et la chapelle qui y est attenante.

Plus tard, pour obvier aux inconvénients que présentait la coïncidence du 19 août avec les vendredi ou samedi, jours d'abstinence, M. Jujardy, d'heureuse mémoire, curé de Brignoles, profitant de la concession qui a été accordée par Sa Sainteté, par l'organe du cardinal Caprara, qui autorise la translation de la solennité d'une fête patronale au dimanche qui suit cette fête, à moins qu'elle ne coïncide avec le saint jour du dimanche, avec l'autorisation de Mgr l'évêque de Fréjus, régla que, désormais, la solennité de la fête patronale de saint Louis, évêque de Toulouse et patron de la ville de Brignoles, serait transférée au dimanche qui suit le 19 août, si le 19 août ne coïncidait pas avec le saint jour du dimanche; c'est cet usage qui sert aujourd'hui de règle.

Que de leçons utiles la vie du saint Prélat ne renferme-t-elle pas pour tous les fidèles? Elle sera dans tous les âges, un exemple de pénitence et d'humilité, un modèle de perfection, un miroir de sagesse et de sainteté.

J'achèverai enfin mon travail sur la vie de saint Louis par les paroles même qui terminent celle qu'a composée le R. P. Calixte, capucin, originaire de Brignoles.

« Saint Louis n'est pas inimitable dans le soin qu'il prenait continuellement de se rendre conforme à Jésus-Christ. Il est vrai que tous ne sont pas appelés à se rapprocher, autant que lui, de ce divin modèle; saint Paul enseigne que tous les fidèles, sans exception, pour être glorifiés un jour, doivent être conformes à l'image du Fils de Dieu, c'est-à-dire qu'ils ont une obligation indispensable d'exprimer et de porter, en eux-mêmes, l'image de l'Homme-Dieu, par la patience dans les afflictions et par la pratique des autres vertus dont il leur a donné le modèle. Ce n'est qu'à cette condition qu'il leur communique le droit d'entrer dans l'héritage des enfants de Dieu, et qu'ils peuvent prétendre à l'heureuse immortalité. »

« Voilà pourquoi, saint Louis, en qui cette image a été si bien formée, peut dire à tous les chrétiens en général, aux Brignolais, ses chers concitoyens, en particulier : Soyez mes imitateurs comme je le suis moi-même de Jésus-Christ. »

« Pourrions-nous finir l'histoire de la vie de saint Louis, sans rappeler à ceux qui ont reçu le nom de ce Saint, au jour de leur baptême, combien il est glorieux pour eux de porter ce nom et quelle confiance il doit leur inspirer? Un grand nom fut toujours une exhortation muette à la vertu; il semble ranimer le courage du héros dans les combats qui ont pour but les grandeurs périssables de ce monde, ne servirait-il pas au chrétien de gage assuré des victoires qu'il doit remporter sur lui-même, sur le monde et sur l'enfer? Si le nom de saint Louis rappelle des exemples à imiter, il laisse aussi à espérer sa puissante protection à ceux qui l'invoquent. Quel droit n'avez-vous pas à son crédit auprès du trône de l'Éternel, vous, habitants de Brignoles, d'une ville qu'il aime tant, et à laquelle, dans toutes les circonstances calamiteuses, il a été d'un si puissant secours? Non, il ne vous abandonnera jamais dans l'adversité, il vous consolera toujours dans les afflictions, il sera votre appui dans tous les détails de votre vie, et si vous imitez ses vertus, vous serez les compagnons de sa gloire dans le ciel. »

FIN DE LA PREMIÈRE PARTIE.

NEUVAINE

EN L'HONNEUR

DE SAINT LOUIS

ÉVÊQUE DE TOULOUSE

PATRON DE LA VILLE DE BRIGNOLES

LITANIES EN LATIN ET EN FRANÇAIS, PRIÈRES ET CANTIQUES EN L'HONNEUR DU MÊME SAINT.

NEUVAINE

EN L'HONNEUR

DE SAINT LOUIS, ÉVÊQUE DE TOULOUSE

Patron de la Ville de Brignoles

Les exercices qui commencent le 10 du mois d'août, et finissent le 19, jour de la Fête du Saint, ont été traduits de l'italien; on y a ajouté quelques réflexions, puisées en partie dans l'ouvrage du T. R. P. Joseph de Dreux, capucin.

LE 10 AOUT, VEILLE DE LA NEUVAINE

℣. *Deus, in adjutorium meum intende.*
℟. *Domine, ad adjuvandum me festina.*

Innocence de saint Louis

Qui d'entre nous peut se rendre le témoignage d'avoir conservé l'innocence baptismale? Hélas! cette blanche robe dont nous avions été revêtus sur les fonts sacrés, nous l'avons souillée avant même d'en avoir connu le prix. Cependant, soyons reconnaissants envers Dieu, puisque par les mérites de

Jésus-Christ, son fils, il nous a été permis et de recouvrer l'innocence perdue et de laver dans son sang et dans nos larmes la robe de notre baptême.

Ce qui rend plus particulièrement saint Louis digne d'admiration, c'est qu'il eut le bonheur de conserver ce précieux trésor de l'innocence, bonheur que n'ont pas eu le plus grand nombre de Saints que l'Église a placés sur ses autels.

Nous proposant de méditer sur les vertus de saint Louis, pendant cette neuvaine préparatoire à la fête de notre saint Patron, commençons par nous le représenter comme un modèle d'innocence.

Dès l'âge le plus tendre, Louis, beau d'innocence et de pureté, croissait en sainteté devant Dieu et devant les hommes, comme croissent en éclats ces magnifiques étoiles qui, le soir, s'élèvent de l'horizon pour embellir le firmament pendant l'obscurité de la nuit. Dieu semble avoir permis qu'il prît naissance au sein d'une cour, où il est si difficile de conserver son innocence, afin de faire ressortir davantage en lui cette précieuse vertu; personne n'ignore, en effet, que le palais des grands offre d'imminents périls à l'innocence. Que faisait notre Saint pour se prémunir, pour se défendre contre ces périls et conserver son estimable trésor, au milieu des plaisirs séducteurs qui l'entouraient? Il vivait dans la cour, comme il aurait vécu dans un désert, recueilli, et, pour ainsi dire, solitaire, autant que cela lui était possible; conduite vraiment admirable et qui surpasse tout éloge.

Les contemporains de Louis nous disent qu'à l'étonnement de tous les courtisans, il passait les jours et les nuits, appliqué à l'exercice de l'oraison, se livrant aux rigueurs de la pénitence la plus austère ; à table, il était un objet d'admiration par ses mortifications héroïques; son sommeil, il le prenait le plus souvent sur la terre nue. Par la prière, la vigilance, la mortification de ses sens et de sa volonté, il conserva pure et intacte l'innocence de son cœur.

Si nous voulons, nous aussi, conserver notre innocence, au milieu du monde corrompu et corrupteur qui nous environne, usons des mêmes moyens qu'employait notre saint Patron ; exerçons sur nos sens la vigilance la plus active et la plus sévère, marchons en la présence de Dieu, et tenons-nous soigneusement à l'écart des occasions périlleuses, usant du monde, comme n'en usant pas, défions-nous de nous-mêmes, et chaque jour, dès le matin, dans notre examen de prévoyance de la journée, pensons aux moyens propres à nous prémunir contre l'ombre même du péché.

Illustre Saint, vous nous offrez en vous un modèle des plus accomplis pour conserver notre innocence, après l'avoir recouvrée. L'apparence seule de l'offense de Dieu vous effrayait, et pour vous en préserver, vous étiez sévère envers vous-même, vous exerciez sur vous les plus étonnantes rigueurs; faites, nous vous en conjurons, que n'ayant pas eu le bonheur de conserver notre innocence, nous vous imitions dans les précautions, dans les saintes austérités auxquelles vous avez eu recours pour préserver la vôtre de tout péril, afin que, par ce moyen, nous la conservions à l'avenir; inspirez-nous l'amour de la mortification chrétienne, dépouillez-nous de notre amour-propre, fortifiez-nous dans nos combats continuels par l'espérance du ciel où vous êtes si glorieux et si puissant; faites enfin qu'instruits par vos exemples, nous travaillions à acquérir une innocence parfaite, pour mériter ensuite la couronne des saints. Ainsi soit-il.

3 Pater, Ave et Gloria.

Ant. Me autem, Domine, propter innocentiam suscepisti: et confirmasti me in conspectu tuo in æternum. (Psalm. 40.)

℣. Ora pro nobis, beate Ludovice,
℟. Ut digni efficiamur promissionibus Christi.

OREMUS.

Deus, qui beatum Ludovicum confessorem tuum atque pontificem, cœleste regnum terreno præponere docuisti, ac puritate illibatâ, et eximiâ in pauperes charitate mirabiliter decorasti : concede ut ejusdem virtutes æmulantes in terris, coronari cum ipso mereamur in cœlis. Per Christum, etc. Amen.

LE 11 AOUT, 1er JOUR DE LA NEUVAINE.

Patience de saint Louis.

La patience, d'ordinaire, est la vertu de l'âge viril; c'est alors, d'ailleurs, que l'homme trouve de plus nombreuses occasions de l'exercer. Notre Saint trouva dans sa jeunesse ces occasions ; il porta jusqu'à l'héroïsme la vertu de patience dans les rudes épreuves par lesquelles il plut à la divine Providence de le faire passer. En lisant l'histoire de ses jeunes ans, on dirait volontiers que le ciel ne le fit naître sur les marches d'un trône que pour lui fournir des occasions plus nombreuses et plus difficiles de pratiquer cette vertu, qui est l'une des plus essentielles dans la perfection chrétienne; en effet, à peine âgé de sept ans, saint Louis étant retenu comme ôtage par les ennemis de son frère, ne demanda jamais sa délivrance; il pria le Seigneur d'éloigner de lui l'épreuve, mais, ajouta-t-il, à l'exemple du divin Sauveur, que votre volonté soit faite, ô mon Dieu, et non pas la mienne.

Ce qui pour d'autres moins patients que Louis eût été l'occasion de tristesse, de plaintes, de murmures, et même, peut-être, de découragement, devint pour lui une source de perfection, une occasion d'imiter Jésus-Christ souffrant, et de mériter le ciel. Son amour pour les souffrances fut tel que, pour suivre de plus près les traces de Jésus crucifié, il résolut d'embrasser la vie religieuse qui est une continuelle immolation de soi-même, et choisit de préférence l'ordre austère et pénitent de saint François-d'Assise.

Louis appréciait tellement les souffrances, qu'il en parlait habituellement avec bonheur; il disait souvent que la souffrance est un précieux don du ciel, qu'elle affermit nos pas chancelants dans le droit sentier de la vertu, lorsque nous l'endurons en union avec Jésus-Christ, souffrant au Jardin des Oliviers ou sur le Golgotha.

O bienheureux Louis, si dans les épreuves par lesquelles il plaît au Seigneur de nous faire passer, nos pensées, nos sentiments étaient semblables aux vôtres, au lieu de murmurer et de nous plaindre, nous nous estimerions, au contraire, bien heureux comme vous, d'avoir quelque ressemblance avec Jésus-Christ, notre divin modèle; comme vous aussi, nous bénirions le Seigneur et le remercierions de nous fournir, en cela, un moyen de nous épurer et de travailler pour le ciel ; mais, hélas ! notre faiblesse est si grande ! Nous réclamons votre secours, aidez-nous non-seulement à estimer et aimer les souffrances, mais même à les désirer ; faites que nous marchions avec courage dans le chemin royal de la croix, qui est celui du ciel, et qu'ainsi nous ayions la consolation d'entrer un jour en possession du bonheur éternel. Ainsi soit-il.

3 Pater, Ave, Gloria.

(Ant.) In captivitate positus veritatem non deseruit : Benedixit Dominum et dixit : Ego autem in terrâ captivitatis meæ confitebor illi, quoniam ostendit majestatem suam in gentem peccatricem. (Tob. ch. 1, 13.)

℣. *Ora pro nobis*, etc. — ℟. *Ut digni*, etc.
Oremus (comme ci-dessus).

LE 12 AOUT, SECOND JOUR.

Le Mépris de saint Louis pour le monde.

Le mépris du monde est admirable, même chez les pauvres qui, comme l'apôtre saint Pierre, ayant peu, se dépouillent, pour suivre Jésus-Christ, du peu qu'ils possèdent ; mais il est bien plus admirable chez les grands de la terre, qui, du faîte des grandeurs, descendent volontairement, par amour de Dieu, à l'humble condition des pauvres, au point de ne rien posséder en propre, pas même leurs vêtements. Louis était, par sa naissance, héritier de la couronne des Deux-Siciles ; son père avait le projet d'abdiquer en sa faveur, pour le mettre plus tôt en possession du trône.

Combien qui auraient profité d'une telle destinée ! Elle est si grande, si insatiable l'avidité du cœur humain, pour les grandeurs et les richesses périssables de la terre ! Il n'en fut ainsi de saint Louis, tant s'en faut ; il avait appris au pied de la croix à discerner et à désirer les biens véritables et permanents ; son cœur entièrement détaché des choses du monde qu'il regardait comme des vanités, et pour lesquelles il n'avait que du mépris, aspirait incessamment après les biens ineffables en face de la gloire, les biens célestes et éternels.

Il répondait aux courtisans qui le pressaient d'accepter l'héritage de son père : « Que sont tous les « biens, tous les honneurs du monde, en compa- « raison de ceux qui sont réservés à la vertu ? »

Dans des moments de saints transports, il s'écriait : « Dieu seul est mon trésor, Dieu seul « est tout mon bien ; je préfère être le dernier

« dans son royaume plutôt que d'être le pre-
« mier parmi les grands de la terre ; avec toutes
« leurs richesses trompeuses, avec leurs préten-
« dus plaisirs, ils ne peuvent obtenir un instant
« de vrai bonheur; car le cœur de l'homme,
« suivant saint Augustin, est tellement fait, qu'il
« ne peut trouver son repos qu'en Dieu. Mieux
« vaut mille fois, ajoutait-il, régner un seul jour
« avec Jésus-Christ, que de régner de longues
« années sur le plus beau des royaumes de la
« terre. »

Le cœur de notre Saint était rempli de ces sentiments, et son âme était absorbée dans ces sublimes
pensées ; c'est ce qui explique son éloignement des
jeux, des pompes et des fêtes de la cour, c'est ce
qui explique comment il cherchait toujours de nouveaux prétextes pour se dispenser de paraître dans
les réunions ; il vivait dans la cour comme s'il eût
été dans le cloître; bien souvent il s'en éloignait
pour se retirer dans le monastère des Frères Mineurs, se plaisant dans leurs conversations plus
que dans celles des courtisans ; son mépris pour le
monde était profond ; souvent il disait ces mots :
« Dieu, en nous appelant à la vie religieuse, veut
« que nous soyions tout à lui, parce qu'il est notre
« Créateur, notre Rédempteur, notre Bienfaiteur
« et notre dernière fin. »

Les Saints comprenaient parfaitement la caducité

des biens passagers de ce monde et la solidité des biens éternels. Réfléchissons nous-mêmes, et nous verrons que les derniers sont les seuls dignes de nos affections ; c'est à nous à choisir entre les uns et les autres, notre bonheur dépend du choix que nous ferons.

O vous, bienheureux Saint, à qui le désir de la béatitude céleste fit concevoir un si profond mépris pour le monde, faites que, pénétrés de reconnaissance pour les bienfaits du Seigneur, nous détachions notre cœur des faux biens et des faux plaisirs qui nous éblouissent et nous trompent, pour nous attacher avec plus de force au service de Dieu et aspirer avec plus d'ardeur, après les biens célestes et éternels. Ainsi soit-il.

3 Pater, Ave, Gloria.

(*Ant.*) Existimo omnia detrimentum esse propter eminentem scientiam Jesu Christi Domini mei, propter quem omnia detrimentum feci, et arbitror ut stercora ut Christum lucrifaciam. (Philip. 3, 2.)

℣. *Ora pro nobis*, etc. — ℟. *Ut digni*, etc.

Oremus (comme ci-dessus).

LE 13 AOUT, TROISIÈME JOUR.

Constance et fidélité de saint Louis

Le chrétien doit croître en vertu jusqu'à la plénitude de l'homme; parfois, il faut donc de la constance, de la persévérance pour arriver à cette plénitude; on prend de bonnes résolutions, mais malheureusement, on ne les met pas toujours en pratique; les difficultés font reculer les âmes pusillanimes. Mais telle ne fut pas la conduite de notre glorieux Saint, il montra une constance admirable dans les saintes résolutions, et plus il rencontrait d'obstacles, plus il redoublait de constance et de fermeté; le désir ardent qu'il avait d'entrer dans l'ordre des Frères Mineurs était si fortement enraciné dans son âme, que les moindres retards apportés à la réalisation de ce désir l'affligeaient profondément.

Il ne se contentait pas de demander conseil à des hommes sages et vertueux, mais il adressait à Dieu ses plus ferventes prières, et à mesure que les obstacles se multipliaient, il renouvelait le vœu de se consacrer entièrement au Seigneur; les instances que faisait son père pour le retenir dans le monde, les larmes de sa pieuse mère, ne purent ébranler sa résolution; les promesses et les menaces le trouvèrent insensible; tous les stratagèmes qu'on employa pour le vaincre furent impuissants. Ce qui le soutenait, ce qui l'encourageait dans sa lutte contre les oppositions et les obstacles, c'était l'espérance des consolations divines.

Il parvint à être élevé au sacerdoce; puis le Souverain Pontife qui connaissait les éminentes vertus de notre Saint, lui confia l'évêché de Toulouse; Louis ne voulut accepter l'épiscopat qu'après avoir fait profession dans l'ordre des Frères Mineurs, et s'être ainsi obligé par vœu de vivre, quoique évêque, dans l'observance la plus rigoureuse de la pauvreté évangélique. Ainsi, par sa constance, il arriva au terme auquel il aspirait.

O bienheureux Louis, qui êtes si puissant auprès du trône de Dieu, obtenez-nous, nous vous en conjurons, la constance dans l'accomplissement de sa loi sainte; faites également que la vue des triomphes que vous avez obtenus par votre constance, raffermisse nos cœurs, hélas! si souvent chancelants; soutenez-nous, par une foi vive, par l'espérance du ciel, dans la persévérance chrétienne, puisqu'à elle seule sont promises, et la victoire ici-bas et la récompense éternelle dans le ciel. Ainsi soit-il.

3 Pater, Ave, Gloria.

(Ant.) Cùm autem placui ei qui me vocavit per gratiam suam, ut revelaret filium suum in me, non acquievi carni et sanguini. (Gal. 1, 16.)

℣. *Ora pro nobis,* etc. — ℟. *Ut digni,* etc.
Oremus (comme ci-dessus).

LE 14 AOUT, QUATRIÈME JOUR.

Humilité de saint Louis.

L'humilité, cette précieuse vertu, la gardienne et la sauvegarde de toutes les autres vertus, rend l'homme agréable à Dieu, agréable aussi à ses frères, parce qu'elle le tient dans sa condition véritable. En effet, l'homme n'est rien par lui-même : quand il est bien pénétré de la pensée de son néant, il ne s'élève pas au-dessus de qui que ce soit, il ne peut donc manquer de plaire à ses semblables, il ne peut manquer, non plus, de plaire à Dieu, car il reconnaît que tout don vient de lui, et s'il obtient quelque faveur, s'il est élevé à quelque dignité, loin de s'en prévaloir, il s'en humilie davantage ; tel fut saint Louis. Issu d'un sang royal, il ne s'en prévalut nullement ; au contraire, il s'humilia toujours devant Dieu et devant les hommes, et par l'abnégation complète de lui-même, de ses pensées, de ses affections, par la pratique constante de l'humilité, il attira toujours sur lui les regards de complaisance du Seigneur.

Ce grand Saint disait avec le séraphique saint François-d'Assise : « Nous n'avons de nous-mê-
« mes aucune vertu, aucune perfection, tout ce
« qu'il y a de bon en nous, ajoutait-il, est l'œuvre
« de la grâce et non le fruit de notre industrie;
« nous n'avons de nous-mêmes, que des misères,
« des vices et des péchés; par là, nous sommes en
« quelque sorte, inférieurs aux créatures privées
« de la raison, lesquelles Dieu trouve toujours dis-
« posées à faire sa sainte volonté et sont incapables
« de l'offenser. Nos péchés nous ont même placés,
« en quelque sorte, au-dessous des démons, car
« ils ont moins contribué que nous au plus énorme
« de tous les crimes, à la mort du Fils de Dieu,
« que le pécheur a crucifié; donc, nous n'avons
« de nous-mêmes, rien qui puisse être pour nous
« un sujet de gloire. »

Saint Louis se servait encore d'un motif plus sublime pour s'exciter à l'humilité; il s'élevait dans la contemplation des grandeurs de Dieu, adorant sa bonté ineffable, sa sagesse infinie et sa souveraine sainteté; à la vue de cette vaste étendue des perfections divines, il tournait ses regards sur lui-même, et n'y voyait que petitesse, misère et abomination. Dans cette comparaison de Dieu et de lui-même, Dieu ravissait son cœur, tout son amour, et il ne lui restait que du mépris et de l'aversion pour sa propre personne.

« Je ne veux, disait notre Saint, d'autre privilége « que celui de n'en avoir aucun sur cette terre, de « telle sorte que rien ne puisse m'empêcher d'o- « béir, de céder, de me soumettre à tous. »

Aussi, sa seule ambition consistait à choisir toujours ce qu'il y avait de plus humble et à s'éloigner de tout ce qui avait de l'éclat. Il ne voulut pour lui que ce qu'il y avait de plus petit, de plus vil, de plus incommode, laissant aux autres ce qu'il y avait de plus honorable et de plus avantageux.

Étant évêque, dans ses instructions particulières, il recommandait souvent à ses auditeurs d'être bien persuadés de leurs propres misères, de croire fermement et sincèrement que l'homme, par lui-même, est très-faible et méprisable, étant dépourvu de toute richesse spirituelle et rempli de péchés. Ayant de lui-même les plus bas sentiments, il désirait que tout le monde les partageât avec lui, il ne pensait point à cacher ce qui pouvait tourner à sa honte, convaincu qu'il était injuste qu'on l'estimât plus que ce qu'il était en réalité; les affronts, les opprobres, les mépris, les mauvais traitements devenaient pour lui autant de motifs d'une douce consolation et d'une joie intime et profonde, parce que « toutes les humiliations, disait-il souvent, « servent à nous rendre plus conformes à Jésus-« Christ et sont profitables à notre âme, en attirant « sur elle plus parfaitement les regards de la divine « majesté. »

Il était humble au point de choisir toujours pour lui les emplois les plus bas, de refuser les ustensiles d'or et d'argent qu'on lui offrait, de mépriser les vêtements riches et précieux, de préférer prendre son repos sur la terre nue plutôt que sur des lits moelleux qui étaient à sa disposition ; de s'abaisser jusqu'à laver la vaisselle, de converser familièrement avec les pauvres, d'embrasser les lépreux, et, quoique évêque, de se faire un honneur de confesser, dans leurs cabanes dégoûtantes, les pauvres mendiants couverts de haillons ; de porter sous ses habits pontificaux la bure des Frères Mineurs ; de se ceindre d'une corde et de se considérer comme le serviteur des pauvres qu'il servait à table et à qui il lavait les pieds, sans tenir le moindre cas de sa dignité épiscopale et de sa condition royale ; les témoins de l'humilité de notre Saint, lui prodiguaient leurs louanges ; mais notre bienheureux les réduisait au silence, par le déplaisir que lui causaient ces éloges.

Une si profonde humilité le rendit recommandable au point que les peuples accouraient en foule pour le voir ; les habitants de Toulouse se félicitaient de l'avoir pour pasteur et pour père.

Mais si cette humilité extérieure lui attirait les louanges et l'admiration des hommes, combien son cœur si humble devait le rendre agréable aux yeux de Dieu. Lorsqu'on lui parlait de sa dignité, il répondait que Dieu, dont la puissance se démontre davantage quand il se sert des instruments les plus faibles, l'avait choisi pour l'exécution de ses desseins, parce qu'il n'avait rien trouvé de plus méprisable et de plus faible que lui parmi les hommes.

On a retenu de lui quelques pensées, qu'il se plaisait à développer dans ses instructions familières, lorsqu'étant évêque, il parcourait son diocèse, donnant des missions avec un zèle infatigable qui minait ses forces et hâtait sa mort. Il disait alors « que la vanité se cache souvent sous les dehors « les plus spécieux. On veut s'élever, disait-il, ou « se maintenir dans quelque fonction éclatante ; on « cherche à se produire et à se faire connaître ; on « veut se dispenser d'une légère confusion, d'une « persécution ; on soutient avec chaleur ses idées « et sa façon d'agir ou de parler, et cependant, on « déclare tout haut que l'on ne cherche en cela que « la gloire de Dieu et le bien du prochain ; erreur, « ajoutait-il, l'humilité, voilà le moyen le plus « efficace pour procurer la gloire de Dieu et pour « gagner tout le monde à Jésus-Christ. N'est-ce pas

« ce qui a paru dans la conduite du Sauveur et de
« ses apôtres? En s'humiliant aux yeux de tous, en
« souffrant les plus cruelles injures et les plus durs
« supplices, ils ont converti à la foi les esprits les
« plus prévenus et les cœurs les plus rebelles. »
Ne perdons jamais de vue ces pensées : *esurientes
implevit bonis.... et exaltavit humiles.* Si nous désirons véritablement être agréables à Dieu et aux hommes, soyons bien humbles; Dieu, s'il nous trouve vides de nous-mêmes, remplira notre cœur de l'abondance de ses dons.

O grand Saint, vous qui, profitant si bien de la leçon que le Sauveur nous a donnée, en nous recommandant d'être comme lui, doux et humbles de cœur, n'avez cherché, à l'exemple du divin modèle, que les humiliations et les mépris, obtenez-nous de bien comprendre, à notre tour, l'aveuglement et la folie de la vanité et de l'orgueil; obtenez-nous de bien comprendre aussi que tous les avantages du corps et de l'esprit doivent plutôt nous inspirer des sentiments de crainte que des pensées de vaine gloire. Puissions-nous être bien persuadés que nous n'avons absolument rien de bon de nous-mêmes; que tous nos avantages nous viennent de Dieu, et que ces dons de sa bonté peuvent tourner à notre perte, si nous sommes assez insensés pour nous les attribuer à nous-mêmes.

O vous, dont le pouvoir est si grand auprès de

Dieu, obtenez-nous la grâce de vous imiter dans l'esprit et la pratique de l'humilité chrétienne, afin que, marchant dans la voie que vous avez suivie, nous ayions le bonheur de nous rendre Dieu favorable, et de recevoir de lui, au dernier jour, la récompense réservée aux humbles et aux petits dans le ciel. Ainsi soit-il.

3 Pater, Ave, Gloria.

(Ant.) Tu scis quod abominor signum superbiæ et gloriæ meæ, et non portem illud in diebus silentii mei, et numquàm lætatus sit servus tuus, nisi in te, Domine Deus. (Esther, 14.)

℣. *Ora pro nobis*, etc. — ℟. *Ut digni*, etc.
Oremus (comme ci-dessus).

LE 15 AOUT, CINQUIÈME JOUR.

Chasteté de saint Louis.

La chasteté est une belle et bien précieuse vertu ; elle nous élève au-dessus de nos sens grossiers et nous fait vivre dans nos corps, à la manière des anges, comme si nous n'avions pas de corps.

Saint Louis posséda cette vertu dans toute sa perfection ; prévenu de bonne heure par la grâce divine, il fut chaste dans ses pensées ; jamais image impure ne vint souiller son imagination; il fut chaste dans ses affections, dirigeant si bien son cœur, qu'aucun amour désordonné n'y eut jamais la moindre place ; il fut chaste dans ses sens, où Dieu ne vit jamais le moindre désordre ; sa pureté était telle qu'elle rayonnait sur les traits de son visage ; aussi le clergé et le peuple de Toulouse, quand il arriva parmi eux, crurent en le voyant, apercevoir un ange ; quand il paraissait en public, la foule l'entourait et s'extasiait devant lui ; sa vue seule inspirait l'amour de la belle vertu ; ses yeux étaient toujours d'une admirable retenue ; sa réserve était telle que, revenant du lieu où il avait été retenu en ôtage, et rencontrant tout d'abord sa mère, il refuse de l'embrasser ; celle-ci lui dit : Ne suis-je pas ta mère ? Oui, lui répondit Louis, mais vous êtes une femme ? Dans sa captivité, il avait auprès de lui trois courtisans qui se plaisaient à tenir des propos obscènes, Louis les confondit, les réduisit au silence en leur disant : « Vous voulez donc, avec mon « corps, mettre aussi mon âme en ôtage ? »

Son père lui ayant proposé pour épouse une jeune personne qui réunissait en elle toutes les qualités les plus précieuses, les plus dignes de la condition royale, il lui révéla le vœu que, dès son enfance, il avait fait de se consacrer à Dieu par la chasteté la plus inviolable.

A la modestie des yeux, il ajoutait la retenue de tous les autres sens; son amour pour la mortification était si grand que, même étant évêque, il gardait dans ses repas une frugalité extrême. Souvent il jeûnait au pain et à l'eau; il portait un cilice, se flagellait jusqu'au sang, et même reconnaissant qu'il n'avait pas les bras assez forts pour se châtier à son gré, il appelait à son secours un bras étranger qui suppléait à sa faiblesse; pour la langue, il était si retenu et si circonspect, que, en Catalogne, voulant faire pratiquer à ses compagnons la même circonspection et la même réserve, il régla que celui qui aurait prononcé une parole tant soit peu libre, serait condamné à manger sur une table nue.

Louis était comme ce lys éclatant de blancheur des divins cantiques qui, au milieu des épines, répand une suave odeur. L'amour de la chasteté lui inspira une affection toute céleste pour la très-pure et immaculée Vierge Marie.

L'amour du luxe n'avait aucun empire sur lui; il craignait toujours de ne pas pratiquer assez parfaitement la pauvreté évangélique, qu'il regardait avec juste raison, comme une des plus fidèles gardiennes de la chasteté. La pauvreté, en effet, facilite la pratique de cette belle vertu, en éloignant bien des périls qui pourraient la menacer; « le « cœur dégagé des biens de la terre, disait notre « saint Évêque, s'attache à Dieu plus purement,

« se repose plus volontiers en Dieu seul. L'âme ne
« se laisse point maîtriser par le corps auquel elle
« est unie, et prélude ainsi plus facilement à la vie
« céleste. »

Ce n'est pas sans raison que saint Louis voulut entrer dans l'ordre du séraphique saint François-d'Assise, voué plus particulièrement à la pauvreté. Un grand pape dit que cet ordre a pris son origine dans les splendeurs de l'éternité, au sein même du père des lumières, afin qu'il brillât toujours d'une clarté pure et sans tâche, pour donner au monde de fidèles copies du Fils de Dieu, attendu que les religieux de cet ordre doivent être aussi purs que les rayons du soleil et porter en eux une chasteté universelle, une chasteté qui règne sur tous leurs sens extérieurs.

Saint Louis, à l'exemple de tous les Saints, se proposait et proposait aux autres un moyen des plus efficaces pour demeurer toujours chastes; ce moyen consiste à n'être jamais oisif, à s'occuper toujours à quelque chose de bon. Il savait, en effet, qu'un esprit sérieusement occupé est moins accessible aux tentations de Satan; le travail met un frein à l'imagination, il empêche qu'elle ne s'égare, et que, dans son égarement, elle ne se vicie; comme ces mouches paresseuses qui s'arrêtent sur des objets dont elles prennent le venin, l'oisiveté était, aux yeux de notre bienheureux, la source de toutes les pensées déshonnêtes, le rendez-vous, où, pour ainsi dire, elles se rassemblent, se fortifient, pour renverser ensuite la plus solide chasteté.

Il disait aussi que, pour être chaste, il faut pratiquer la mortification; le lys de la pureté veut être entouré d'épines qui éloignent les plaisirs dangereux, et il comprenait si bien cette vérité que, toujours excessivement sévère pour lui-même, il faisait une guerre continuelle à ses sens. « Il est fort dif-
« ficile, disait-il, de satisfaire le corps, sans exposer
« à quelque péril la belle vertu. Traiter délicate-
« ment son corps, disait-il avec saint Bonaventure,
« c'est donner des armes à son ennemi, c'est aug-
« menter le poids de cette matière qui est si nuisi-
« ble à la meilleure et à la plus noble partie de
« nous-mêmes. Le trésor de la pureté, ajoutait-il
« encore, ne peut se conserver sans une grande
« circonspection, sans une continuelle vigilance.
« Les âmes pures appréhendent tout, elles se dé-
« fient de tout; elles n'estiment rien de léger en
« tout ce qui regarde la pureté; la moindre imper-
« fection en cette matière si délicate ne tarde pas à
« grossir, par les artifices du démon; il ne faut
« qu'une étincelle dans un magasin de poudre,
« ajoutait-il, pour renverser une forteresse; il ne
« faut souvent qu'un regard léger, imprudent,
« pour ruiner la chasteté la plus solide et la plus
« invétérée. »

« Un quatrième moyen, disait notre Saint, c'est « la prière, et surtout la prière à Marie Imma- « culée. » Il comprenait assurément cette parole du livre de la Sagesse : Nul ne peut être chaste, si Dieu ne lui accorde cette grâce précieuse. *(Sagesse*, ch. VIII, v. 21.)

Je vous salue, ô lys de pureté, bienheureux Louis, je me réjouis de la beauté de votre âme; daignez m'obtenir de Dieu la grâce de conserver toujours cette précieuse vertu, et pour que je ne sois pas assez téméraire pour m'exposer au péril de la perdre, priez pour moi celui qui est l'auteur de tout don parfait, de remplir mon âme d'une crainte salutaire.

Hélas! grand Saint, après avoir vu tomber les Cèdres du Liban, les David, les Salomon, pourrai-je vivre dans une pleine sécurité? Si la moindre chose est capable de porter atteinte à ma chasteté, si le plus léger souffle peut ternir ce beau miroir, que ne dois-je pas craindre? Nous avons tous recours à vous, faites qu'instruits par vos exemples et soutenus par votre puissante intercession, nous demeurions toujours chastes dans l'esprit, dans le cœur et dans les sens, afin d'avoir un jour part à la réunion que Dieu réserve aux âmes pures. Ainsi soit-il.

3 Pater, Ave, Gloria.

(Ant.) Fecisti viriliter et confortatum est cor tuum, eò quòd castitatem amaveris, ideò manus Domini confortavit te, et eris benedictus in æternum. (Judith, 15.)

℣. *Ora pro nobis*, etc. — ℟. *Ut digni*, etc.
Oremus (comme ci-dessus).

LE 16 AOUT, SIXIÈME JOUR.

Charité de saint Louis, surtout envers les pauvres.

Dieu, en nous faisant une obligation d'aimer notre prochain, honorait sans doute sa divine image qu'il a empreinte dans l'homme; il a voulu être lui-même honoré dans son ouvrage, il a donné ainsi à un acte naturellement bon, un cachet surnaturel et divin, élevant, pour ainsi dire, cet acte jusqu'à lui. Aussi regarde-t-il comme fait à lui-même ce que nous faisons à nos semblables. La charité à l'égard du prochain est donc une vertu divine; elle regarde Dieu, interposé, en quelque sorte, entre l'homme et son semblable.

Louis, reconnaissant ce noble motif du précepte qui nous ordonne d'aimer nos semblables, s'appliqua toute sa vie à pratiquer l'amour du prochain, et le fit de la manière la plus parfaite. Sa charité se montra à l'égard de tous, mais surtout à l'égard des pauvres. Aux jours de son enfance, dans la maison de son père, non content d'employer en aumônes tout son avoir, il était assez industrieux pour se procurer d'autres ressources qu'il versait en abondance dans le sein des pauvres. On l'a vu bien souvent distribuer aux indigents les aliments qui lui étaient servis; aussi Dieu voulut montrer par un miracle combien la charité de Louis lui était agréable; un jour que notre Saint avait pris secrètement, pour la donner aux pauvres, une volaille cuite, il fut dénoncé auprès de son père, et au moment même où celui-ci se disposait à lui faire des observations sur ses libéralités excessives, cette volaille fut changée merveilleusement en un panier de fleurs; ce qui fut pour le père un grand sujet d'admiration.

Dans plusieurs circonstances, notre Saint s'est dépouillé de ses propres habits, pour en revêtir les pauvres. Étant évêque, il employait un quart de ses revenus au maintien de sa maison, et les trois autres quarts étaient destinés à secourir les nécessiteux; chaque jour, il voulait à sa table un bon nombre de pauvres, qu'il traitait beaucoup mieux qu'il ne se traitait lui-même; les malades étaient aussi l'objet de ses sollicitudes, et lorsqu'il les visitait dans leurs habitations ou dans les hôpitaux, non-seulement il les soulageait par ses largesses, mais encore il les confortait par de douces paroles, et poussait la charité à leur égard jusqu'à leur rendre lui-même les services les plus bas.

Cette charité de Louis plaisait tellement au ciel, que Notre Seigneur Jésus-Christ, lui-même, voulut bien, un jour, recevoir l'aumône de ses propres mains, lui apparaissant sous l'aspect d'un malheureux demi-nu; le saint Évêque, qui était alors en la compagnie de son père, se dépouilla aussitôt de son manteau et l'en couvrit; le père ayant ensuite ordonné qu'on lui ramenât ce pauvre, et qu'on échangeât le manteau contre une somme d'argent, il fut impossible de le retrouver; cette disparition soudaine fit comprendre que c'était Jésus-Christ lui-même, qui avait daigné honorer et récompenser la charité de Louis.

Cette charité prenait sa source dans un ardent amour pour Dieu. Il disait souvent, en parlant de l'amour divin, qu'il faut nous élever au-dessus de toutes les choses créées pour considérer Dieu lui-même et nous unir à lui par l'exercice de l'amour le plus pur et le plus parfait. « Toutes les vertus, « disait-il, proviennent de cet amour, et il dispose « principalement lui-même les âmes à produire,

« d'une manière excellente, les actes qui leur sont
« propres. Toute notre perfection repose sur ce
« point important; nous devons être parfaits, pour
« la possession du souverain bien, par notre union
« avec lui, mais le moyen de nous unir à Dieu,
« c'est l'exercice du saint amour. »

Dans ses instructions, à l'exemple de l'Apôtre des
nations, il disait souvent : « Dieu nous a aimés le
« premier ; notre amour doit donc être un témoi-
« gnage de reconnaissance pour le sien, et puisque
« nous devons l'aimer à cause de ses perfections
« infinies et de sa souveraine beauté, nous serions
« bien injustes de ne vouloir l'aimer et le servir que
« par des motifs d'intérêt personnel; Dieu est le
« seul être vraiment bon et digne d'amour, c'est
« pourquoi nous devons l'aimer par-dessus toutes
« choses, il doit être le dernier terme de notre
« amour ; toutes nos affections doivent s'arrêter en
« lui comme en leur centre. Dieu est le souverain
« bien, celui où se rencontrent tous les biens, et
« hors duquel on ne saurait en trouver aucun.
« Nous devons donc l'aimer pour lui-même; en lui
« doivent reposer toutes nos espérances ; nous ne
« pouvons pas l'aimer pour une autre fin, et si
« nous aimons quelque créature, c'est pour lui que
« nous devons l'aimer. »

Le cœur de notre bienheureux s'attendrissait au
seul nom de l'amour de Dieu. Aimer Dieu, n'est-ce

pas l'acte le plus noble, le plus doux, le plus avantageux ? Rien de plus désirable que cet amour ; notre Saint ne croyait pas qu'on pût l'acheter trop cher ; c'est cet amour qui met le comble à la félicité des Saints ; c'est lui qui couronne l'œuvre de notre perfection. « N'ayons d'autre ambition, disait no-
« tre Saint, que celle d'aimer Dieu ; estimons-nous
« suffisamment heureux, si nous avons cet amour.
« Dieu aime que nous lui disions souvent : Mon
« Dieu, je vous aime, oui, je vous aime de tout
« mon cœur. Suivez, ajoutait-il, le conseil du
« Saint-Esprit, qui nous enseigne la source de
« l'amour ; je veux dire : la méditation, l'union
« continuelle avec le divin Maître. Cette communi-
« cation avec Dieu fait naître la ferveur : *In medi-*
« *tatione meâ exardescet ignis.* La ferveur porte à
« tout bien, ainsi que l'enseigne saint Augustin ;
« elle porte surtout à aimer et à secourir le pro-
« chain, par amour pour Dieu, père et maître
« commun de tous les hommes. »

Votre charité admirable, grand Saint, nous inspire la plus entière confiance en vous ; nous sommes persuadés que, du haut du ciel, cette charité doit s'exercer davantage sur ceux qui vous invoquent, sur ceux qui sont les plus dévoués à votre culte ; secourez notre indigence spirituelle et corporelle ; jetez un regard de compassion sur tant d'âmes qui bénissent votre nom, mais qui ne sont pas dans le bercail de Jésus-Christ. Accordez-leur, et à nous tous, votre secours charitable; daignez exaucer les prières que nous vous adressons, et obtenez-nous, qu'après vous avoir imité ici-bas dans votre charité pour Dieu et pour le prochain, nous ayions le bonheur de nous trouver tous réunis dans le ciel, pour louer et aimer Dieu, de tout notre cœur, pendant l'éternité toute entière. Ainsi soit-il.

3 Pater, Ave et Gloria.

(Ant.) Ab infantiâ meâ crevit mecum miseratio, et de utere matris meæ egressa est mecum. Foris non mansit peregrinus, ostium meum viatori patuit. (Job. 31.)

℣. *Ora pro nobis*, etc. — ℟. *Ut digni*, etc.
Oremus (comme ci-dessus).

LE 17 AOUT, SEPTIÈME JOUR.

Zèle de saint Louis.

La charité envers le prochain, lorsqu'elle a pour objet le salut de son âme, s'appelle du nom de zèle. Le zèle se dit encore de ce désir qui a trait à la gloire de Dieu et qui porte l'homme à faire connaître, aimer et servir le Seigneur, et à étendre et à consolider ainsi son règne sur les âmes.

Les Saints furent remplis de ce double zèle; mais, par-dessus tous, le Saint des Saints, Notre Seigneur Jésus-Christ, qui s'est immolé sur la croix pour la gloire de son père et le salut de tous.

Saint Louis ne négligea rien pour gagner les âmes à Dieu; il s'efforça, autant qu'il était en lui, de rendre glorieuse l'œuvre de la rédemption. A peine eut-il pris la direction du diocèse de Toulouse qu'il s'appliqua à perfectionner le clergé en lui inspirant l'amour de toutes les vertus qui peuvent contribuer à la gloire de Dieu et à la sanctification des âmes; il s'adjoignit, pour cette œuvre, une quantité d'excellents prêtres; puis, par un effet du même zèle, il travailla à procurer la décence des églises et des autels. Dans le ministère de la parole divine, il était infatigable, se faisant un bonheur d'évangéliser son vaste diocèse, n'épargnant aucune peine pour courir après les brebis égarées ou pour nourrir celles qui étaient dans le bercail et les conduire aux pâturages éternels.

Que d'âmes n'eut-il pas le bonheur d'arracher au démon et de rendre à Dieu? Il opéra de nombreuses et éclatantes conversions, même parmi les Juifs qu'il amena en grand nombre à la foi et qu'il baptisa, de sa propre main, avec une joie indicible. Il pouvait bien se considérer comme ce bon pasteur, qui n'a rien de plus à cœur que le salut de ses brebis.

Le zèle qui le dévorait se montrait même sur son visage, surtout dans ses prédications : alors ses paroles étaient tout autant de dards qui frappaient les cœurs les plus endurcis et les gagnaient à Jésus-Christ ; les peuples, en l'entendant, étaient ravis d'admiration, ils se sentaient enflammés de l'amour divin ; aussi le considérait-on comme un véritable apôtre, comme un saint, comme un ange venu du ciel pour y conduire les hommes. Bien souvent ses sermons furent interrompus par ces acclamations : Louis est un Saint, Louis est un grand Saint ? Que nous sommes heureux, nous à qui il est donné d'avoir pour évêque un ange, un saint digne du paradis ! Son zèle fut tel, qu'après avoir prêché de nombreuses et difficiles missions, il fut à bout de forces, et vint se retirer à Brignoles, lieu de sa naissance, dans le château que son père y possédait, et y mourut victime de son zèle pour le salut des âmes.

Si nous ne pouvons imiter le zèle de saint Louis dans toutes les œuvres qu'il entreprit pour procurer la gloire de Dieu et le salut des âmes, imitons-le, du moins, dans celles qui sont en notre pouvoir ; par nos bons exemples et par nos prières, nous pouvons obtenir cette double fin ; ayons du zèle, surtout, pour le salut de notre âme ; à cet effet, ne reculons devant aucun sacrifice, rien ne doit nous coûter quand il s'agit de notre salut éternel.

En considérant vos mérites, ô glorieux Saint, je ne puis m'empêcher d'admirer la main divine qui voulut ainsi vous combler de ses dons, et aussi la fidélité avec laquelle vous les fîtes fructifier, par votre zèle, en vous et hors de vous; à l'âge de vingt-quatre ans, vous aviez déjà consommé l'œuvre de votre apostolat, et, en même temps, l'œuvre de votre sanctification personnelle! Quelle confusion pour nous, lorsque nous considérons la distance immense qui se trouve entre les ardeurs de votre zèle, notre lâcheté, notre tiédeur. Ne nous oubliez pas auprès de Dieu, obtenez-nous par vos prières, la grâce de travailler avec zèle à notre salut et à celui de nos frères, afin de partager un jour avec vous la félicité céleste durant toute l'éternité. Ainsi soit-il.

3 Pater, Ave, Gloria,

(Ant.) Permansi omnibus vobis ad profectum vestrum et gaudium fidei; ut gratulatio vestra abundet in Christo Jesu in me. (Philip. 1.)

℣. *Ora pro nobis*, etc. — ℟. *Ut digni*, etc.
Oremus (comme ci-dessus).

LE 18 AOUT, HUITIÈME JOUR.

Ferveur de saint Louis dans l'oraison.

L'oraison fut toujours l'école des Saints ; c'est elle qui les forma à la vertu, les soutint dans les épreuves les plus difficiles, les guida dans l'étroit sentier de la perfection ; c'est dans l'oraison qu'ils ont appris à marcher avec constance dans la voie des commandements de Dieu ; c'est par elle, en un mot, qu'ils sont arrivés au ciel ; par l'oraison, même sur la terre, leur conversation était dans le ciel ; ils goûtaient ici-bas le commencement des joies célestes.

Saint Louis, dès sa plus tendre enfance, fit de l'oraison son étude particulière, et, pendant toute sa vie, il en fit son occupation la plus chère ; il vérifia, ainsi que nous l'avons dit précédemment, la parole de l'Esprit-Saint ; par l'oraison, le feu de l'amour divin s'allume dans les âmes et y prend chaque jour de nouvelles ardeurs.

Il est facile d'imaginer comment notre Saint pratiqua l'exercice de l'oraison, la ferveur qu'il y porta et les richesses célestes qu'il sut y puiser. On le voyait souvent se dérober aux regards de ses parents et de ses amis pour se retirer à l'écart et se livrer à ce saint exercice; combien de fois n'excitat-il pas l'admiration de ceux qui, l'épiant dans ses actions, prenaient plaisir à le contempler dans les ineffables communications qu'il entretenait avec Dieu par la prière? En voyant les larmes de joie et d'amour qui coulaient alors de ses yeux, on était saintement impressionné; on était porté à imiter son recueillement et la ferveur de sa prière.

Pendant sa captivité à Barcelone, non content d'employer à ce saint exercice de l'oraison le temps qui lui était laissé pour cela chaque jour, il y employait aussi une partie de la nuit; c'est dans l'oraison qu'il puisait cette onction céleste qui, dans ses discours, pénétrait si avant dans l'âme de ses auditeurs; c'est là aussi qu'il puisait toute sa science, le don de convaincre les esprits les plus obstinés et de convertir les cœurs les plus endurcis.

Ah! si nous avions pour l'oraison l'estime qu'en avait notre Saint, nous deviendrions des saints nous-mêmes, nous serions beaucoup plus patients et résignés dans nos épreuves, nous aurions plus de force dans les combats que nous avons à soutenir pour la vertu; nous serions moins sensibles aux mépris et aux calomnies, et nous jouirions d'une bien douce paix; notre cœur, détaché des futiles consolations qu'offre le monde, trouverait, dans ses rapports avec Dieu, d'autres consolations bien supérieures, consolations abondantes, ineffables, qui nous dédommageraient bien amplement des sacrifices que nous nous serions imposés pour être entièrement à Dieu; nous comprendrions beaucoup mieux la caducité et le néant des objets d'ici-bas, nous apprendrions, par la plus douce des expériences, que l'oraison, qui nous unit intimement à Dieu, est véritablement un paradis et la clef des trésors célestes.

O bienheureux Louis, faites que, comprenant bien toutes vérités, nous devenions, par la pratique de l'oraison, de bons et fervents chrétiens; faites que, par elle, nous fassions constamment des progrès dans la patience, la chasteté, l'humilité, la douceur et toutes les autres vertus chrétiennes; que nous trouvions le bonheur, que nous mettions nos délices dans les douces communications que ce saint exercice établit entre Dieu et l'âme fidèle; c'est la grâce que nous demandons aujourd'hui par votre intercession. Ainsi soit-il.

3 Pater, Ave, Gloria.

(*Ant.*) Benedictus Deus qui non amovit orationem tuam et misericordiam suam à me. (Psalm. 65.)

℣. *Ora pro nobis*, etc. — ℟. *Ut digni*, etc.
Oremus (comme ci-dessus).

LE 19 AOUT, NEUVIÈME ET DERNIER JOUR DE LA NEUVAINE.

Amour de saint Louis pour Dieu.

L'amour divin est comme le résumé et l'assemblage de toutes les vertus ; c'est dans cet amour et la pratique des devoirs qui en découlent que consistent essentiellement la vie chrétienne, la sainteté que Dieu demande de nous.

Cet amour fait, de la vie présente, comme le prélude de la vie du ciel ; ce qui fait le bonheur des Saints dans le ciel, c'est qu'ils voient Dieu, ils le possèdent, ils l'aiment ; ce qui fait notre bonheur ici-bas, c'est de connaître Dieu par la foi, de le posséder, en quelque sorte, par l'espérance, de l'aimer par la charité.

Louis, semblable à un séraphin, brûlait merveilleusement du feu de l'amour divin ; son cœur était comme une fournaise embrasée de ce beau feu ; il savait que Dieu est infiniment bon, infiniment digne d'amour ; c'est pourquoi il l'aimait pardessus toutes choses ; il l'aimait comme le souverain bien, le bien qui contient en lui tous les biens, et hors duquel on n'en saurait trouver aucun ; il l'aimait purement pour lui-même, et mettait en lui toutes ses espérances.

La ferveur de cet amour excitait dans son âme un grand désir de plaire à Dieu, une sainte aversion pour les moindres fautes ; quoiqu'il fît pour Dieu, il croyait toujours faire trop peu. Après avoir, sous l'inspiration de cet amour, quitté tout ce qui pouvait l'attacher au monde ; après s'être dépouillé, toujours par esprit d'amour, de lui-même, de ses volontés ; après avoir donné à Dieu sa personne, son temps, ses forces, il aurait voulu pouvoir donner davantage, pour témoigner plus parfaitement encore de l'énergie de son amour, et bien que son cœur fût tout brûlant de cet amour, il demandait pourtant tous les jours à Dieu la grâce de l'aimer plus encore. Volontiers, il aurait donné son sang et sa vie comme témoignage suprême de son ardente charité. Son âme, épurée par ce feu divin, se laissa humblement conduire par la grâce et n'opposa jamais la moindre résistance à ce qu'il plaisait à Dieu d'opérer en elle ; il s'oubliait lui-même pour se livrer sans réserve au bon plaisir de Dieu.

L'amour divin ne trouvant plus d'obstacles, agit puissamment sur son âme, la dépouilla entièrement de toute affection purement humaine, au point qu'il ne vivait plus que pour Dieu, et que, si son corps était encore sur la terre, ses pensées, ses affections étaient toutes dans le ciel.

O glorieux Saint, daignez nous obtenir de Dieu, par votre intercession, cette charité ardente dont vous avez brûlé pendant les jours de votre pèlerinage ici-bas et dont vous brûlez encore aujourd'hui auprès du trône de Dieu. Faites que notre cœur se détache pleinement des créatures pour s'attacher uniquement à Dieu, l'aimer par-dessus tout, et trouver dans cet amour, la paix, le repos, le bonheur de l'éternité.

Bénissez cette neuvaine que nous avons faite en votre honneur; bénissez les pieuses résolutions que nous a inspirées la méditation de vos vertus; que cette bénédiction soit pour nous une source de grâce, de sanctification et de salut. Qu'elle soit le gage du bonheur éternel pour lequel Dieu nous a créés et auquel nous espérons arriver un jour, par votre puissante intercession. Ainsi soit-il.

3 Pater, Ave, Gloria.

(*Ant.*) Rosa vernans charitatis, lilium virginitatis, stella fulgens, Ludovice, vas sanctitatis, ora pro nobis Dominum.

℣. *Ora pro nobis*, etc. — ℟. *Ut digni*, etc.
   Oremus (comme ci-dessus).

LITANIÆ

SANCTI LUDOVICI EPISCOPI

Kyrie eleison.

Christe eleison.

Kyrie eleison.

Pater de cœlis Deus, miserere nobis.

Fili, Redemptor mundi Deus, miserere nobis.

Spiritus Sancte Deus, miserere nobis.

Sancta Trinitas, unus Deus, miserere nobis.

Sancta Maria, ora pro nobis.

Sancta Dei genitrix, ora pro nobis.

Sancta Virgo Virginum, ora pro nobis.

Sancte Ludovice, ora pro nobis.

Sancte Ludovice qui, à tenerâ ætate, indicia eximiæ sanctitatis præbuisti,

Sancte Ludovice qui thesaurum innocentiæ fidelissime conservasti,

Sancte Ludovice qui per totam diem et totam noctem orabas,

Sancte Ludovice qui mortificationem Jesu jugiter in tuo corpore portasti,

Sancte Ludovice qui per septem captivitatis annos fidelis Christi assecla fuisti,

Ora pro nobis.

Sancte Ludovice qui semper delicias mundi contempsisti,

Sancte Ludovice qui ut imperfectionem habuisti solum desiderium liberationis à tuâ captivitate,

Sancte Ludovice ergà Mariam Immaculatam devotissime,

Sancte Ludovice, pauperibus impendens tua et te ipsum super impendens,

Sancte Ludovice qui charitatis flammâ incensus, passionis et patientiæ Christi imitator fuisti,

Sancte Ludovice, quem adversitas sicut prosperitas eumdem invenerunt,

Sancte Ludovice generose mundi contemptor,

Sancte Ludovice qui, vote solenni, paupertatem divitiis, contemptum mundi ipsius honoribus et obedientiam solio anteposuisti,

Sancte Ludovice qui onus sacerdotale cum tremore suscepisti,

Sancte Ludovice cujus hnmilitas onus episcopale formidabat,

Sancte Ludovice qui, in sede primaria Galliæ, modestiam et simplicitatem monachi ostendisti,

Sancte Ludovice qui pastoris vigilantissimi officia exercuisti,

Sancte Ludovice qui, in brevi tempore perfectionem attigisti,

Sancte Ludovice, quem ante et post obitum tuum miraculorum dono Dominus illustravit,

Ora pro nobis.

Ora pro nobis.

Sancte Ludovice qui è cœlo concives tuos et fidelissimos servos semper protexisti,

Sancte Ludovice, civitatis Brinoniensis patrone,

Sancte Ludovice, qui concives tuos à malis innumeris semper præservasti,

Sancte Ludovice, protector et defensor noster dulcissime,

Agnus Dei, qui tollis peccata mundi, parce nobis, Domine.

Agnus Dei, qui tollis peccata mundi, exaudi nos, Domine.

Agnus Dei, qui tollis peccata mundi, miserere nobis.

Christe, audi nos.

Christe, exaudi nos.

℣. Ora pro nobis, sancte Ludovice.

℟. Ut digni efficiamur promissionibus Christi.

OREMUS *(Ut suprà).*

LES MÊMES LITANIES DE SAINT LOUIS

EN FRANÇAIS.

Seigneur, ayez pitié de nous.
Jésus-Christ, ayez pitié de nous.
Dieu le Père, ayez pitié de nous.
Dieu le Fils, ayez pitié de nous.
Dieu le Saint Esprit, ayez pitié de nous.
Sainte Trinité, un seul Dieu, ayez pitié de nous.
Sainte Marie, priez pour nous.
Sainte Mère de Dieu, priez pour nous.
Sainte Vierge des Vierges, priez pour nous.
Saint Louis qui, dès votre enfance avez donné les plus heureux présages d'une éminente sainteté,
Saint Louis qui avez conservé avec la plus scrupuleuse fidélité, le précieux trésor de votre innocence,
Saint Louis qui passiez les jours entiers et une partie de la nuit en prières,
Saint Louis qui, dès l'âge le plus tendre, exerciez sur votre corps virginal les rigueurs d'une pénitence austère, malgré la faiblesse de votre complexion,

Priez pour nous.

Saint Louis qui fûtes si soumis aux ordres de la Providence, durant les sept années de votre captivité,

Saint Louis qui refusâtes constamment d'adoucir l'ennui de votre prison, par les amusements dangereux du monde,

Saint Louis qui vous reprochâtes comme une grande imperfection d'avoir désiré un seul instant votre délivrance,

Saint Louis qui vous êtes rendu recommandable par une tendre et solide dévotion à l'Immaculée Vierge Marie,

Saint Louis qui avez souvent oublié vos propres besoins pour soulager ceux des pauvres,

Saint Louis qui avez pratiqué les œuvres de la charité la plus héroïque envers les malades les plus rebutants,

Saint Louis qui, dans une pieuse et fréquente contemplation de Jésus crucifié, avez puisé l'amour des souffrances et la patience dans les plus rudes épreuves,

Saint Louis qui n'avez été ni abattu par les coups de l'adversité, ni ébloui par l'éclat de la prospérité,

Saint Louis qui, ne comptant pour rien tout ce qui passe, avez renoncé à tous les priviléges de votre illustre naissance,

Saint Louis qui vous êtes engagé, par un vœu solennel, à préférer la pauvreté aux richesses, l'obscurité aux honneurs et l'obéissance à tous les droits de la couronne,

Priez pour nous.

Priez pour nous.

Saint Louis qui n'avez reçu qu'avec une sainte frayeur l'onction du sacerdoce,

Saint Louis qui avez employé les plus vives instances et les larmes même pour obtenir de n'être pas élevé aux honneurs du sanctuaire,

Saint Louis à qui votre humilité a toujours fait regarder l'épiscopat comme un fardeau trop pesant pour votre faiblesse,

Saint Louis qui, placé sur un des premiers siéges de l'Église de France, avez conservé la modestie et la simplicité d'un pauvre religieux,

Saint Louis qui avez rempli avec zèle les devoirs d'un Pasteur tendre, éclairé et charitable,

Saint Louis qui, dans le petit nombre d'années que vous avez vécu, avez atteint la perfection de la vie la plus longue et la plus vertueuse,

Saint Louis que Dieu a rendu illustre par plusieurs miracles avant et après votre mort,

Saint Louis qui, du sein de la gloire où vos vertus vous ont élevé, avez fait ressentir plusieurs fois aux Brignolais, vos concitoyens et vos serviteurs les plus dévoués, les heureux effets de votre puissante protection,

Saint Louis que les habitants de Brignoles et du diocèse de Toulouse n'ont jamais invoqué en vain,

Saint Louis, notre protecteur et notre défenseur,

Des maux sans nombre qui nous affligent de toutes parts dans cette vallée de larmes et surtout du plus

Priez pour nous.

Priez pour nous.

terrible de tous les maux, le péché, délivrez-nous, Seigneur.

Agneau de Dieu qui effacez les péchés du monde, pardonnez-nous, Seigneur.

Agneau de Dieu qui effacez les péchés du monde, exaucez-nous, Seigneur.

Agneau de Dieu qui effacez les péchés du monde, ayez pitié de nous.

℣. Saint Louis, ô vous que nous invoquons comme notre Protecteur !

℟. Intéressez-vous pour nous auprès du Seigneur et délivrez-nous des maux qui nous accablent.

ORAISON.

O Dieu de miséricorde, daignez agréer les vœux que nous vous adressons par l'entremise de votre saint Pontife, le glorieux saint Louis, notre cher Concitoyen et notre puissant Patron ; faites-nous toujours ressentir les heureux effets de sa protection, surtout contre les ennemis de notre salut, afin qu'après avoir imité ses exemples, nous puissions vous louer éternellement des grâces que son crédit nous aura obtenues de votre infinie bonté. Nous vous le demandons par Notre Seigneur Jésus-Christ, le Pontife éternel. Ainsi soit-il.

PRIÈRE.

O glorieux et saint Patron, qui mille fois, avez signalé votre amour pour les Brignolais, vos concitoyens, en détournant de nous les maux les plus déplorables et en nous attirant les plus grands bienfaits, nous avons recours à vous, dans l'état de misère et de péché où nous nous trouvons, daignez vous intéresser pour nous et nos familles auprès du Père des miséricordes, et nous obtenir par vos prières toutes les grâces dont nous avons besoin et surtout celle de.... *(dire ici la grâce que l'on demande)*.

Nous n'avons point dégénéré de la vive confiance et de l'ardente dévotion que nos pères ont toujours eues pour vous. Faites-nous ressentir les effets de l'amour que vous leur avez toujours témoigné, en nous obtenant, malgré notre indignité, la faveur que nous vous demandons, et la grâce d'en faire un saint usage.

Exaucez-nous, ô doux et saint Patron, et en témoignage de notre reconnaissance, nous nous appliquerons à vous glorifier, en retraçant dans notre conduite une image vivante de vos vertus. Chaque jour de notre vie, nous bénirons la magnificence du Dieu qui couronne vos mérites, et sa miséricorde qui nous aura exaucés par vos suffrages. Ainsi soit-il.

CANTIQUES

EN L'HONNEUR

DE SAINT LOUIS, ÉVÊQUE.

N° 1.

Gardien des célestes portiques,
Esprits, ministres de l'Agneau,
Pourquoi ces fêtes, ces cantiques,
Quel est ce spectacle nouveau ?
A qui préparez-vous un trône,
Parmi ce peuple de vainqueurs ?
Quel front va ceindre une couronne
Brillante d'immortelles fleurs ?

    Les larmes ont cessé,
    Le chant de la victoire
    Retentit en tous lieux,
    Louis a triomphé,
    Chantons, chantons sa gloire,
    Louis est dans les cieux.

Plus éclatante que l'aurore,
Au jour elle ôte sa clarté ;
Son front plus radieux encore,
Reflète la divinité.

Du fond de l'éternel abîme,
Satan l'aperçoit et frémit ;
Jésus, de son trône sublime,
Lui tend les bras et lui sourit.

  Les larmes, etc.

Entrez dans la gloire éternelle
Où Dieu couronne ses élus ;
Venez, Louis, notre modèle,
Goûter le fruit de vos vertus.
Non, le ciel n'est point une arène,
Pour vous, il n'est plus de travaux ;
La mort en brisant votre chaîne,
Vous ouvre l'éternel repos.

  Les larmes, etc.

Sauvez notre fragile enfance,
Saint Louis, notre protecteur ;
En nous conservant l'innocence,
Vous assurez notre bonheur.
Grand Saint, veillez sur le jeune âge,
De l'enfer détournez les coups,
Daignez le sauver du naufrage,
Du haut du ciel, veillez sur tous.

  Les larmes, etc.

Nº 2.

Ce Cantique se chante à Brignoles, le jour de la Fête de saint Louis.

Le peuple en foule à ton autel se presse :
Jette sur lui tes regards bienfaisants ;
Il vient, Louis, plein de foi, d'allégresse,
Il veut t'offrir ses vœux et son encens.

   O tendre Père,
   En ton secours,
   Ton peuple espère,
   Protége-le toujours.

Vois à l'envi, pour célébrer ta gloire,
Mêlant leurs voix aux voix de leurs aïeux,
Avec transport ils chantent ta victoire,
Et les bienfaits que tu verses sur eux !
   O tendre Père, etc.

Oui, c'est Louis, c'est son bras tutélaire
Qui nous sauva, riches de ses bienfaits,
Du noir fléau, qu'au jour de sa colère
Lança le ciel pour punir nos forfaits.
   O tendre Père, etc.

Combien de fois, sans pluie et sans rosée,
Nos champs mourant sous d'ardentes chaleurs,
Ta main rendit à la plaine arrosée
Ses moissons d'or, ses parfums et ses fleurs !
   O tendre Père, etc.

Naguère, hélas! la foudre sur nos têtes
Grondait... au loin l'horizon était noir!
Qui nous sauva du choc de ces tempêtes?
A ton autel nous courions pleins d'espoir!
  O tendre Père, etc.

Veille, Louis, veille sur ta patrie!
Qu'à ton autel, le riche, l'indigent,
Et l'âme pure, et l'âme, hélas! flétrie
Trouvent toujours un patron indulgent!
  O tendre Père, etc.

Veille au bonheur de ton peuple qui t'aime!
A tous ses vœux souris du haut des cieux.
Prends en pitié l'insensé qui blasphème,
Bénis le juste au cœur humble et pieux.
  O tendre Père, etc.

Ah! fais, Louis, qu'en marchant sur tes traces,
Mettant en Dieu notre espoir, notre amour,
Nous méritions son amour et ses grâces!...
Ah! fais qu'au ciel nous te voyions un jour!
  O tendre Père, etc.

N° 3.

O toi, modèle de tout âge,
Louis, jette sur nous les yeux;
Sous ton bienveillant patronage,
On est sûr d'arriver aux cieux.
Un jeune cœur est bien fragile,
Et ses ennemis sont cruels;
Mais il trouve un heureux asile,
Louis, en tes bras paternels.

Contre nous tout l'enfer conspire,
Arrache-nous à ses fureurs;
Un doux regard, un seul sourire
Rendront invincibles nos cœurs.
Sauve-nous des dangers du monde,
Louis, cache-nous dans ton cœur;
Et donne-nous la paix profonde,
Promise aux amis du Seigneur.

Tu fus un ange sur la terre,
Rends-nous purs et saints comme toi;
Fais-nous courir dans la carrière,
Avec ton amour et ta foi.
Quand du flambeau de notre vie
Ton œil verra mourir les feux,
Reçois cette flamme endormie,
Pour la réveiller dans les cieux.

Veille sur nous, et de nos têtes
Écarte les fléaux vengeurs :
La contagion, la tempête,
Le péril et tous les malheurs ;
Et puis, fécondant la semence
Dans les vallons, sur les côteaux ;
O Louis, obtiens l'abondance,
Au sein de nos humbles hameaux.

Mais, plus tu caches ta richesse,
Plus Dieu se plaît à t'enrichir,
Plus les trésors de la sagesse
Coulent sur toi pour te grandir.
Formé sur Jésus, sur Marie,
Tu les suis d'un pas plein d'ardeur,
Et l'ange du ciel s'humilie
Devant la bonté de ton cœur.

Déjà tu n'es plus de la terre,
Et voici l'heure où doit finir
La sainte et l'heureuse carrière,
Le ciel t'appelle, il faut partir.
Tu meurs dans les bras de Marie,
Tu meurs dans le cœur de Jésus ;
Ainsi se termine une vie
Qu'embaumèrent tant de vertus.

Répands sur nous, ô tendre père,
Des parfums de suave odeur ;
Dis au Sauveur, dis à sa Mère,
D'orner avec toi notre cœur.
Et puis, au jour de l'agonie,
O Louis, daigne nous bénir ;
Viens nous montrer la vraie patrie,
Et dans tes bras nous endormir.

FIN DE LA DEUXIÈME PARTIE.

TABLE DES MATIÈRES.

PARTIE HISTORIQUE.

	Pages
Épître dédicatoire.	5
Approbation de Monseigneur l'Évêque de Fréjus.	6
Préface	7

CHAPITRE PREMIER.

Naissance de Louis. — Sa famille. — Noms du saint enfant. — Tableau de ses vertus naissantes. — Sa mortification, son assiduité dans les Églises. — Les miracles de sa charité. — Sa pureté virginale. — Beau modèle de l'enfance, pendant les premières années de sa vie 19

CHAPITRE DEUXIÈME.

Avantages de la tribulation. — Louis en Catalogne. — Aperçu historique sur la cause de sa captivité. — Résignation exemplaire. — Pensées du noble captif sur les avantages de l'adversité. — Grave maladie. — Vœu de Louis. — Péril extrême. — Miraculeuse délivrance. — Résolution de Louis 34

CHAPITRE TROISIÈME.

Fervente piété de Louis. — Récitation du Saint-Office. — Psaumes et *Salve Regina*. — Office de la Passion. — Dévotion au nom de Jésus. — Alternative des lectures et des prières. — Prières et larmes nocturnes. — Lutte victorieuse contre l'ennemi de la piété 46

CHAPITRE QUATRIÈME.

Charité de Louis au sein de la captivité. — Réception des pauvres le Jeudi-Saint. — Tendresse pour les lépreux. — La lèpre au moyen-âge. — Soins maternels de l'Église. — L'ordre de Saint-Lazare. — Zèle héroïque des Saints pour le soulagement des infortunés lépreux. — Il embrasse un misérable couvert de lèpre. — La charité glorifiée 54

CHAPITRE CINQUIÈME.

La vérité et la charité : nécessité de l'étude et du travail. — Maîtres de Louis : Guillaume de Manerie, Ponce Carbonnelly, Jacques d'Euse ou d'Ossa. — Les éléments de la bonne éducation. — Application, compagnie, docilité de Louis. — Tableau des études de Louis. — Progrès miraculeux. — Preuves de sa science extraordinaire 66

CHAPITRE SIXIÈME.

Chasteté de Louis, compagne de ses autres vertus; modestie des regards : trait remarquable. — Fuite des sociétés et des entretiens dangereux. — Horreur des mauvais discours : loi et punitions curieuses à ce sujet. — Expulsion d'un conseiller pervers 75

CHAPITRE SEPTIÈME.

Mortifications et jeûnes de Louis. — Ses macérations rigoureuses. — Étonnantes mesures du jeune Prince. — Surveillance continuelle; correction commandée : trait frappant. — Prix de la réprimande bien accueillie. 80

CHAPITRE HUITIÈME.

La victime préparée. — Vœu de Louis. — Bref du Pape, privilége extraordinaire. — Nomination de Louis à l'archevêché de Lyon. — Traité d'Oleron, Louis rendu à la liberté. — Séduisante perspective : Lutte héroïque. — Le jeune Prince veut entrer chez les Frères Mineurs de Montpellier. — Prodigieux détachement de Louis. 87

CHAPITRE NEUVIÈME.

Louis rompt avec le siècle. — Il reçoit la tonsure et les ordres mineurs; il en exerce les fonctions. — Sous-diaconat et nouveaux progrès. — Louis élevé au sacerdoce. — Sa ravissante piété. — Sacrifices nouveaux; sa conduite sacerdotale. — Zèle pour la prédication. — Une journée de Louis. . . 95

CHAPITRE DIXIÈME.

Soupirs de Louis après une complète immolation. — Conseils d'un ami; sublime réponse. — Le jeune Prince s'ouvre au guide de sa conscience; sage réplique de son directeur. — Louis nommé à l'évêché de Toulouse. — Condition de son acceptation. — Louis fait profession solennelle de Frère Mineur. — Il traverse Rome en habit monastique. — Renonciation héroïque. 103

CHAPITRE ONZIÈME.

Départ du jeune Prélat pour son diocèse. — Première station à Sienne. — Trait sublime d'humble pauvreté à Florence. — Entrée de Louis à Toulouse. — Enthousiasme des habitants à son aspect. Une conversion. — Belle réponse de Louis. — Il éclaire la maison de Dieu. 112

CHAPITRE DOUZIÈME.

Vie privée de Louis dans son diocèse. — Pauvreté évangélique dans ses habits, son ameublement, sa vaisselle. — Mépris de l'opinion et des discours du monde. — Étonnante mortification : Jeûnes et disciplines. — Pureté du saint Prélat, sa réserve. — Bel éloge. — Humilité du jeune Prélat ; sa conduite envers les pauvres ; il sollicite des prières. — Son humble conduite dans les maisons de son ordre. — Il veut déposer le fardeau de l'épiscopat. — Réponse à un compliment. — Le miracle de l'humilité ou le pain de la besace changé en or. 118

CHAPITRE TREIZIÈME.

Nécessité de la charité pour les pasteurs. — C'est la vertu favorite de Louis. — Zèle pour l'aumône. — Habit donné à un pauvre mystérieux. — Le baiser du lépreux. — La confession d'une vieille femme. — Louis et la pauvre malade : Trait sublime. — Le Prélat sauve la vie à des condamnés. — Miracles de la charité ou guérison de deux religieux. — Charité spirituelle de Louis. — Il prêche à Paris, à Toulouse, etc. — Guérison miraculeuse après un sermon. . 129

Pages.

CHAPITRE QUATORZIÈME.

Louis, modèle de son clergé. — Juste appréciation des sujets. — Sévère examen avant la cléricature, nomination aux bénéfices, sacerdoce. — Sollicitude pour son clergé. — Il défend le luxe des habits. — Prudence et perfection de Louis. . . 138

CHAPITRE QUINZIÈME.

Dieu appelle à lui le saint Prélat. — Son voyage à Tarascon, sa préparation à la mort : joies de Louis. — Derniers sacrements : Foi à l'approche du Dieu de l'Eucharistie. — Ferventes prières.— Efforts du pieux Évêque.— Beau spectacle de Louis sur son lit funèbre. — Magnifiques obsèques et nombreux prodiges. — Haute et sainte maturité du jeune Prélat. 144

CHAPITRE SEIZIÈME.

Les Saints vivant après leur mort. — Testament de Louis. — Son portrait au physique et au moral. — Louange en l'honneur du saint Prélat. — Son éloge par le Souverain Pontife. 150

CHAPITRE DIX-SEPTIÈME.

Actions miraculeuses des Saints : quatre résurrections incontestables. — Une victime échappant au supplice de la corde. L'enfant ressuscité, l'enfant et le noble rendus à la vie. — Tableau rapide. — Les enfants, objets de la puissante prédilection de saint Louis.— Raison de ces éclatants miracles. 158

Pages

CHAPITRE DIX-HUITIÈME.

Puissance miraculeuse des Saints. — Usage de leurs membres rendus aux perclus. — Mutisme, cécité, surdité, goutte, etc., parfaitement guéris. — Aliénés rendus à la raison. — Délivrances miraculeuses : le roi Denys, la femme de Brescia, les sauterelles de la vieille Castille. — Le négociant et la bourse au sein d'une tempête. — Empire de la sainteté . . 164

CHAPITRE DIX-NEUVIÈME.

On sollicite près du Saint-Siége la canonisation de saint Louis. — Travail, à ce sujet, de Boniface VIII, de Benoît XI et de Clément V. — Jean XXII canonise le pieux Évêque de Toulouse. — Bulle du Saint-Siége ; fêtes et faveurs spirituelles. — Diverses lettres de Jean XXII. — Situation unique de la mère de saint Louis. — Magnifiques félicitations adressées à cette heureuse mère par le Souverain Pontife. — Glorification de la vertu par le ciel et par l'Église. — Erreurs des impies relativement aux Saints 173

CHAPITRE VINGTIÈME.

Première translation du corps de saint Louis, miracles qui l'accompagnent. — Il est transporté à Valence, en Espagne. — Guérison du Dauphin, dévotion des rois. — Les deux négociants. — Étonnant miracle des lys azurés. — Malaga sous le patronage de saint Louis. — Fastes sacrés ; Fêtes et Offices. — Hymne charmante. — L'immolation glorifiée. . . 182

CHAPITRE VINGT-ET-UNIÈME.

Quelques mots sur le lieu de la naissance, de la mort et des précieuses Reliques de saint Louis. — Utiles leçons que l'on peut puiser dans la lecture des différents traits de sa vie . . . 195

PARTIE LITHURGIQUE.

	Pages
Neuvaine en l'honneur de saint Louis	209
Le 10 août, veille de la neuvaine. — Innocence de saint Louis	211
Le 11 août, premier jour de la neuvaine. — Patience de saint Louis	215
Le 12 août, second jour. — Mépris de saint Louis pour le monde.	217
Le 13 août, troisième jour. — Constance et fidélité de saint Louis	221
Le 14 août, quatrième jour. — Humilité de saint Louis	223
Le 15 août, cinquième jour. — Chasteté de saint Louis	229
Le 16 août, sixième jour. — Charité de saint Louis, surtout envers les pauvres	235
Le 17 août, septième jour. — Zèle de saint Louis	240
Le 18 août, huitième jour. — Ferveur de saint Louis dans l'oraison	244
Le 19 août, neuvième et dernier jour de la neuvaine.— Amour de saint Louis pour Dieu	247

	Pages
Litaniæ sancti Ludovici Episcopi.	250
Les mêmes Litanies de saint Louis en français.	253
Prière en l'honneur de saint Louis.	257
Cantiques (n° 1). — Gardien des célestes portiques.	258
— (n° 2). — Le peuple en foule en ton autel se presse.	260
— (n° 3). — O toi, modèle de tout âge	262

FIN DE LA TABLE

PROPRIÉTÉ DE L'AUTEUR

POUR LA VENTE

S'ADRESSER A LA SACRISTIE DE L'ÉGLISE PAROISSIALE
DE BRIGNOLES

CHEZ L'AUTEUR, A LA VERDIÈRE (VAR)

Prix : 1 fr. 75 cent.

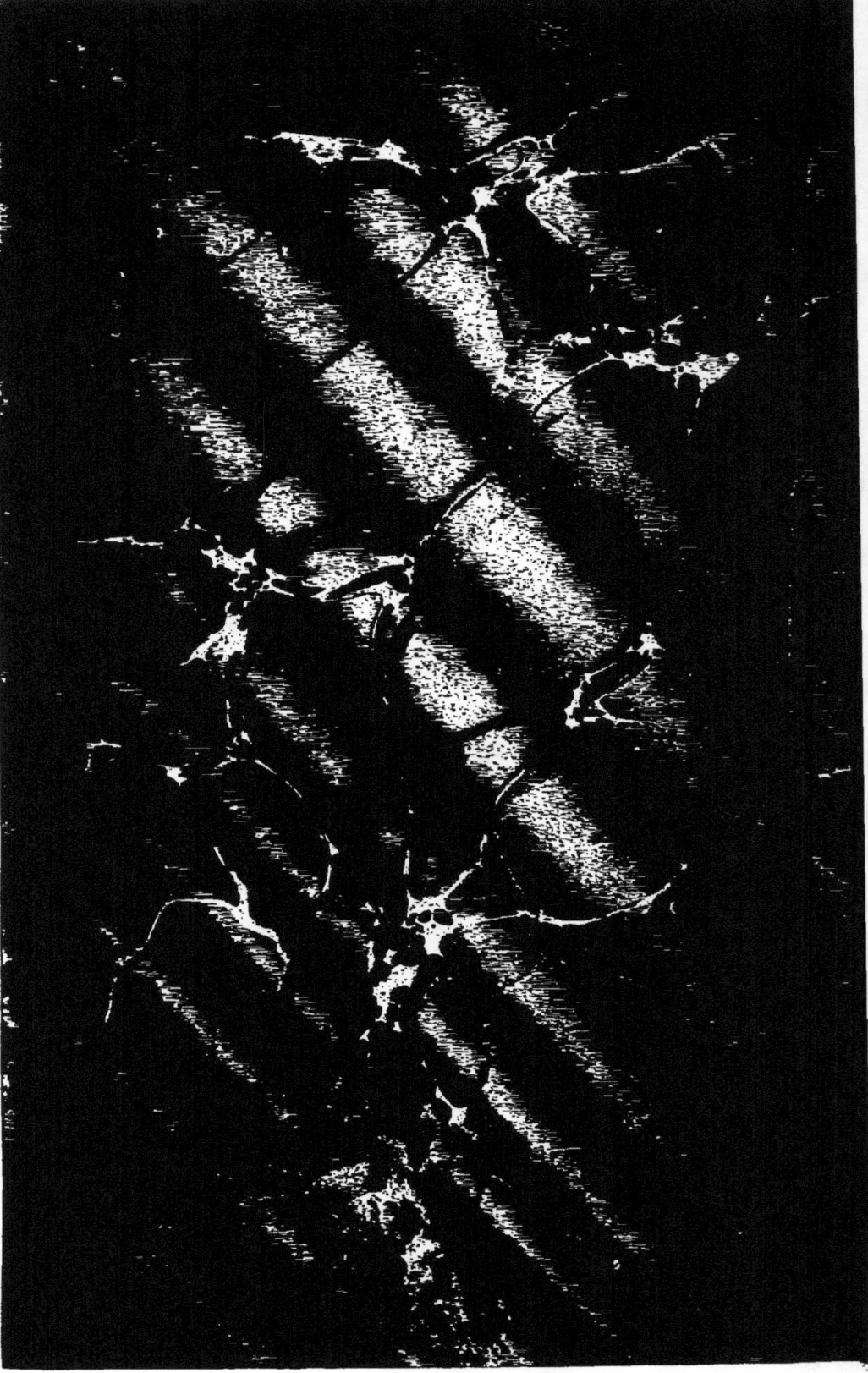

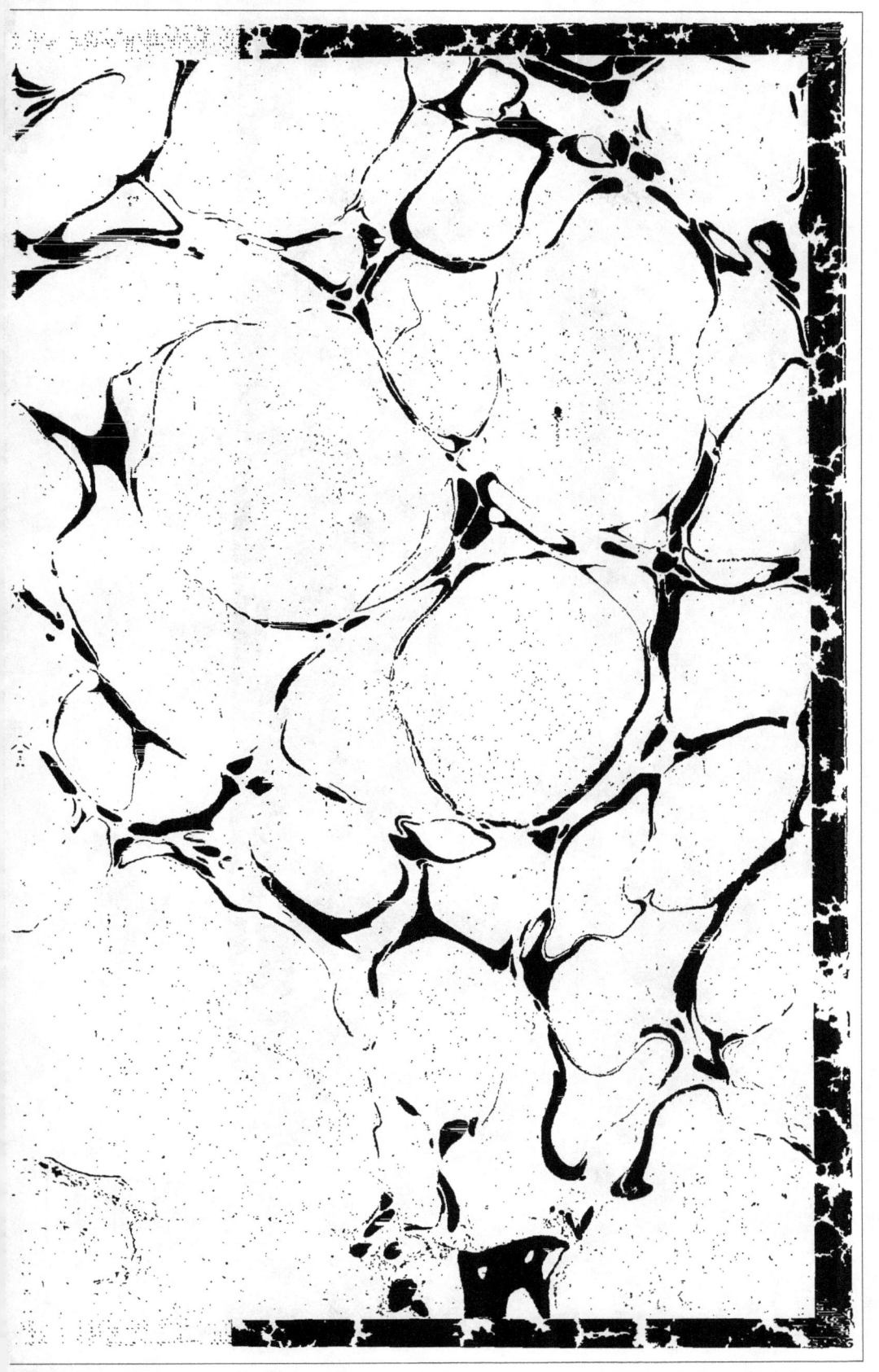

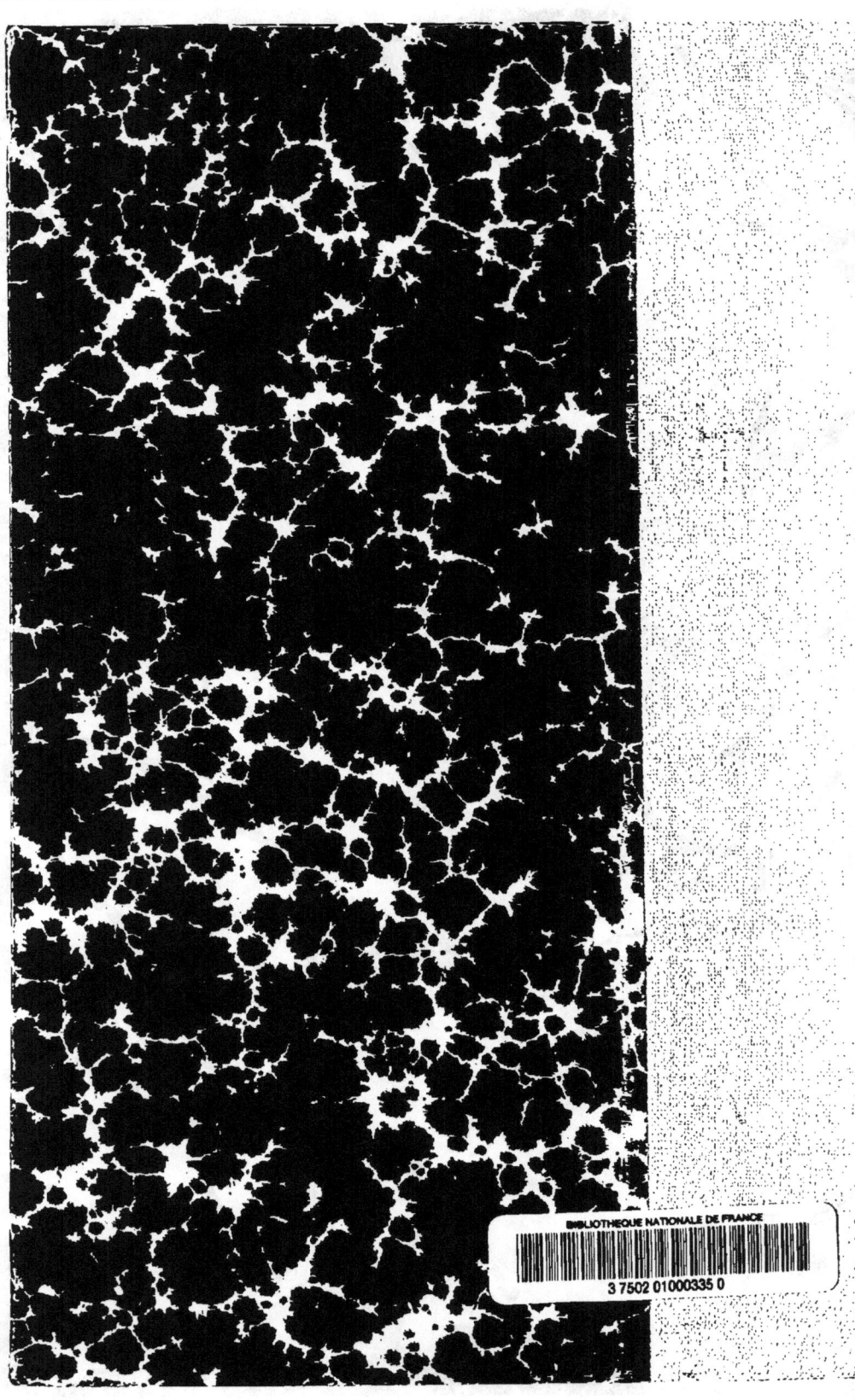

www.ingramcontent.com/pod-product-compliance
Lightning Source LLC
Chambersburg PA
CBHW050639170426
43200CB00008B/1083